我国双创背景下科技资源共享服务平台建设

张蜀艳　著

西南交通大学出版社
·成　都·

图书在版编目（CIP）数据

我国双创背景下科技资源共享服务平台建设 / 张蜀艳著. 一成都：西南交通大学出版社，2019.11
ISBN 978-7-5643-7214-9

Ⅰ. ①我… Ⅱ. ①张… Ⅲ. ①科学技术 - 资源共享 - 研究 - 中国 Ⅳ. ①G322

中国版本图书馆 CIP 数据核字（2019）第 246645 号

Woguo Shuangchuang Beijing xia Keji Ziyuan Gongxiang Fuwu Pingtai Jianshe

我国双创背景下科技资源共享服务平台建设

张蜀艳　著

责任编辑　孟　媛
助理编辑　赵永铭
封面设计　何东琳设计工作室

出版发行　西南交通大学出版社
（四川省成都市金牛区二环路北一段 111 号
西南交通大学创新大厦 21 楼）
发行部电话　028-87600564　028-87600533
邮政编码　610031
网　　址　http://www.xnjdcbs.com
印　　刷　四川森林印务有限责任公司
成品尺寸　170 mm × 230 mm
印　　张　9
字　　数　202 千
版　　次　2019 年 11 月第 1 版
印　　次　2019 年 11 月第 1 次
书　　号　ISBN 978-7-5643-7214-9
定　　价　48.00 元

序

在国家科技创新中，科技资源共享服务平台有助于政府、科研机构、高校、企业、中介机构等主体的技术交流，有利于降低区域内主体的创新成本和产业结构的转型升级，是实现全社会科技资源优化配置和高效利用、重大项目联合攻关、产业集群协同创新、增强科技中介活力、科技金融协同行动的重要载体。

近年，我国科技资源共享服务平台发展很快，数量不断增加，规模持续扩大，但在迅速发展的同时，应该清醒地认识到建设中存在的问题：如多头负责，标准化管理缺乏，平台名称不规范与一些重点实验室等科技平台存在歧义，平台相互之间的服务内容有重叠，科技资源更新速度较慢，过期科技资源处理方式还未精细化，科技资源浪费较严重，管理制度繁杂，考核方法不科学，平台的普及性和精准性还待提高等。另外科技资源管理政策的制定受国家创新战略的影响十分明显，构建科技合作，须点面结合、智库支撑、政策先行。

本书作者进行的中国特色科技资源共享服务平台建设模式的研究，从整个国家层面进行全面梳理，以科技资源整合主体，提出了民主协商型科技资源整合模式、企业主推型科技资源整合模式、制度化合作型科技资源整合模式，并进行了建构，探索出通过体制机制创新，构建社会化、高效的、以科技资源共享为核心的科技资源服务平台体系，内容较为全面，具有一定的可操作性，为企业创新提供共性技术服务，为推动相关产业尤其是战略性新兴产业的发展提供了有益的参考。

成都信息工程大学副校长、教授　舒红平

西南交通大学公共管理学院院长　陈　光

2019 年 8 月

前　言

科学技术是衡量一个国家和地区核心竞争力的重要指标。面临着以美国为首的西方国家对我国的经济封锁和技术打压，科技创新对于中华民族伟大复兴的重要性和紧迫性日趋凸显，在大数据、互联网和信息化已成科技进步重大推力的定势下，作为科技发展基础的科技资源共享服务平台，对科技的贡献价值也超过了历史上以往的任何阶段。如何整合庞大的科技数据、信息和要素资源，快速有效地找出解决各类科学技术问题的“钥匙”，是抢占全球发展制高点的关键途径。

科技资源共享服务平台的最终目标体现了政府发展战略性新兴产业的意愿，通过政府统筹组织，推动跨部门、跨行业、跨地域的资源服务平台建设：围绕技术服务需求，根据区域内的企业现状，确定平台的发展规划和服务范围，针对性配置科技资源以及探索资源服务新模式，促进特定的科技资源向企业高效集聚；覆盖更多的产学研单位获得平台的优质科技资源和服务，促进产学研开发合作及项目创新推广，扩大平台服务的受益面，以绩效评估对服务效果进行考核，促进平台健康发展；在资金支持上，适应国家宏观政策调整，形成国家政策为方向指导，中央资金引导、地方和企业共同参与的机制，吸引全社会共同参与，利用公共部门的资金带动社会部门的资金；以科技资源共享服务平台建设为重要抓手，围绕国家科技发展计划重点开发相关项目。

梳理西方国家科技资源共享服务发展历史不难看出，美国的科技资源共享是以完善的法制保证科技资源的共享和传播；欧盟在于通过项目形式推动科技资源的共享和科技人员的流动，提高科技资源利用效率；德国在市场经济制度下建立了集中协调型科技体制，形成分工明确、相辅相成的科技资源共享体系；日本则是通过高效率使用有限资源，缓解科技投入不足等因素给企业创新带来的障碍。它们的发展模式主要有三种：政策引导、项目推动和资源拉动，对我国科技资源共享平台建设提供了有益参考。

本书从科技资源服务平台建设的理论与实践出发，吸取国外发达地区的科技资源共享服务平台建设的成功案例经验，以科技资源整合主体为标准，提出民主协商型科技资源整合模式、企业主推型科技资源整合模式、制度化合作型科技资源整合模式三种模式并进行了建构，以提高科技资源的利用效率，为企业创新提供共性技术服务，推动产业尤其是战略性新兴产业的发展。

限于作者水平，书中难免存在不足和疏漏之处，敬请读者批评指正。

张蜀艳

2019 年 8 月

目 录

绪　论

随着我国科技的迅速崛起，科技创新已不仅仅是一句口号，还关系着中华民族的伟大复兴的中国梦的实现。作为科技发展基础的科技资源共享服务平台，对科技的贡献价值已超过了以往的任何时候，在大数据已成为科技进步重大推力的定势下，建设科技资源共享服务平台，帮助研究者快速有效地寻找到解决科学问题的钥匙，是势在必行、功在千秋的伟业。

一、综　述

科技资源共享服务平台，是运用信息与系统科学工程技术集聚、整合、分析科技资源，以网络共享为基础的开放式创新平台，是实现全社会科技资源优化配置和高效利用、重大项目联合攻关、产业集群协同创新、增强科技中介活力、科技金融协同行动等一系列提升科技协同创新绩效的重要载体。欧盟委员会根据服务性职能定位，从服务主体、服务内容、服务对象和服务策略四个角度指出科技资源的发展趋势：科技管理数据服务主体向统筹科技资源，引导多元主体协同创新转变；服务内容向知识集成与智能服务转变；服务对象向普及性与专业性两个极端扩散；服务策略向动态服务生态系统转变。科技资源管理政策的制定受国家创新战略的影响十分显著，构建科技合作，须点面结合、智库支撑、政策先行。在国家科技创新中，科技资源共享服务平台有助于政府、科研机构、高校、企业、中介机构等主体的技术交流，有利于降低区域内主体的创新成本，促进整体产业结构的转型升级。

二、背景分析

目前我国科技资源共享服务平台建设的整体水平还不高，需求双方交流不畅，社会共享意识较薄弱，平台建设标准缺乏，研发服务资源的有效宏观配置和管理能力不强，运行机制不完善，整个社会范围内的集成与开放式共享体系尚未完全形成。国家和地方政府正在积极进行规范，相继出台了许多与之相关的政策规划性文件。2016 年 7 月，科技部发布《“十三五”国家科技创新规划》（以下简称《规划》），再次将科技资源开放共享与服务平台建设纳入我国未来五年科技发展战略。《规划》要求：加强平台建设系统布局，形成科技资源共享服务平台体系，着力解决科技资源缺乏整体布局、重复建设和闲置浪费等问题；建立健全共享服务平台运行绩效考核、补助和管理监督机制；深入开展重点科技资源调查，完善国家科技资源数据库建设，强化科技资源挖掘加工、评价鉴定等；面向国家重大需求提供高水平专题服务；建立科技资源信息公开制度，完善科学数据汇交和共享机制，加强科技计划项目成果数据的汇交。

三、模式建构

美国科技资源共享是以完善的法制保证科技资源的共享和传播；欧盟在于通过项目形式推动科技资源的共享和科技人员的流动，提高资源利用效率；日本则是高效率使用有限资源，缓解科技投入不足等因素给企业创新带来的障碍。三个国家和地区的三种发展模式：政策引导、项目推动、资源拉动，对我国科技资源共享建设提供了有益参考。

科技资源共享服务平台的最终目标体现了政府发展战略性新兴产业的意愿，政府统筹组织平台建设实现跨部门、跨行业、跨地域的资源服务平台建设：围绕技术服务需求，根据区域内的企业现状，确定平台的发展规划和服务范围，针对性配置科技资源以及探索资源服务新模式，促进特定的科技资源向企业高效集聚；覆盖更多的产学研单位获得平台的优质科技资源和服务，促进产学研开发合作及项目创新推广，扩大平台服务的受益面，以绩效评估对服务效果进行考核，促进平台健康发展；在资金支持上，根据国家政策及时调整平台发展目标，形成国家政策为方向指导、平台建设为重要抓手，围绕政策重点开发项目，形成中央资金引导、地方和企业共同参与的机制，逐渐全社会共同参与，利用公共部门的资金带动社会部门的资金。结合以上分析，以科技资源整合主体为标准，梳理出民主协商型科技资源整合模式、企业主推型科技资源整合模式、制度化合作型科技资源整合模式三种模式，并进行了构建。

1. 民主协商型科技资源整合模式

民主协商型科技资源整合模式（见图 0-1）是以政府作为主导者，召集科技主体参与共同行政决策的科技资源整合模式，具有非排他性与非竞争性，适用于大型基础性、战略性、纯公共性领域的资源。政府主要体现其资源配置能力、统筹规划能力、宏观调控能力、资源调动能力、权责均衡分配能力。

国家政府根据国家发展规划，将整合资源的权力下发到已有资源优势的省级政府，省级政府根据需求配置资源，进行权责分配，统筹范围内高校、科研机构、企业相关科技资源的集聚、分类、归档、分析、公开，促进重大项目的合作。政府发挥引导角色，整合协调资源，构建好产业发展的服务链条，为企业建立“一站式”服务体系，提供产业化中的关键环节，中介组织发挥桥梁、纽带、媒介、传播等作用。银行筹建投资基金，解决资金瓶颈，发展多层次资本市场。

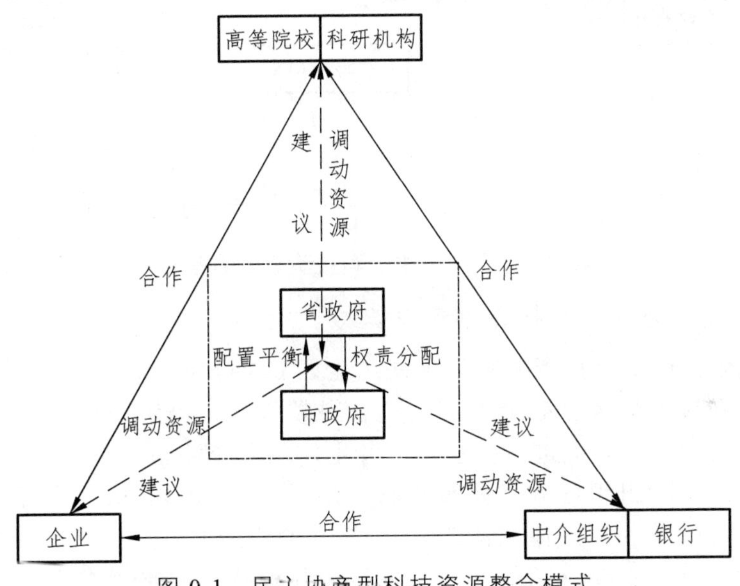

图 0-1　民主协商型科技资源整合模式

2. 企业主推型科技资源整合模式

企业主推型科技资源整合模式（见图 0-2）是在政府监督下，以市场对技术的需求和经济利益的追逐为纽带联合各方科技主体进行科技资源整合，以技术创意为凝聚核心，在市场需求和技术进展的最新信息和知识的基础上进行建构，找寻最佳的人、财、物等科技资源的配置与整合，完成科技的创新从而带动行业的健康快速发展，具有排他性的竞争性资源。

行业中对产业市场有敏感需求的实力大型科技创新企业以示范带头作用引领中小型科技创新企业一起发展，以核心技术为凝聚点，汇集前沿科技资源，自发建构行业内共享的科技资源平台，进而成为独立系统，并实现自收自支、自我管理、自我规范，有偿服务的新型科技资源共享服务模式，政府以政策引导、制度规范、提供宜商市场环境为主，高校和科研机构为平台提供人才、技术支持，中介组织和金融机构起润滑、资本服务的作用，重点服务于专利商业化。这种模式适用于企业发展良好、规范、创新意识强的行业。

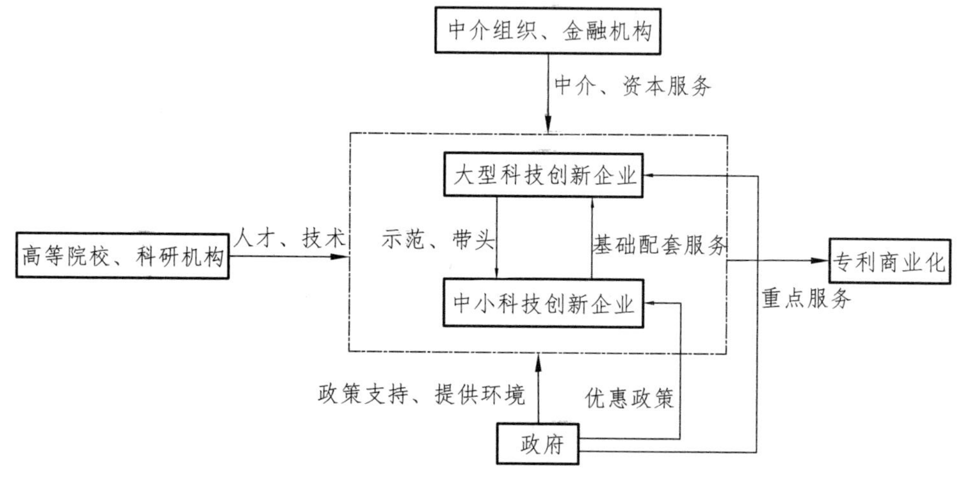

图 0-2　企业主推型科技资源整合模式

3. 制度化合作型科技资源整合模式

制度化合作型科技资源整合模式（见图 0-3）中，政府、企业、高校、研究机构在制度规范基础上，有效整合科技资源，分工协作，发挥优势，创新科学技术，共同促进科技进步。各主体在合作关系上具有平等的关系，政府宏观调控，组织各方主体参与制度制定和信息的汇总、分析、公布，充当主持者的角色，其他主体既是科技资源的提供者和消费者，又是政策制定的参与者。主要分工如下：研究机构在科技资源整合中主要提供前沿科技资源、消化并转化先进技术，最终实现自主创新，形成自主知识产权，贡献具有中国特色的最新科技资源，发挥自我创新的巨大潜力和持续创新的广阔空间；高校提供具备专业知识和技能的高素质人才，促进国外先进技术在国内的消化、吸收和再创新，并最终实现产业化，在创造经济效益的同时促进区域竞争优势的营造；企业借助科研机构和高校等智囊团，获得集成创新资源整合的最佳效益，同时为科研成果产业化提供场所，对于促进区域科技进步与经济发展有着举足轻重的影响，很大程度上决定了区域创新能力和核心竞争力。该模式各方明确责任、权利和义务，是今后科技资源平台共享的主要发展模式。

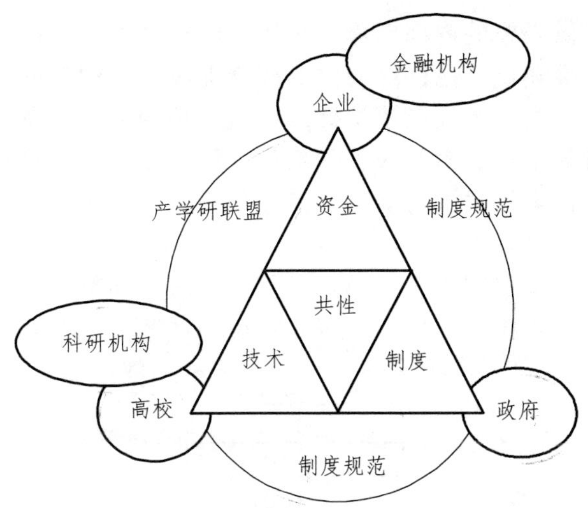

图 0-3 制度化合作型科技资源整合模式

四、科技资源共享服务平台的运行及建设要点说明

1. 科技资源共享服务平台运行要点说明

在国家大政方针计划的指导下，梳理国家科技方向重点支持任务，分别以科技仪器、科技设施、科技数据、科技文献、（种质）资源与实验材料五个大类进行目标确定及分解，根据各区域科技资源优势及特色进行布局。比如科技资源中的动植物资源，就可以利用四川较丰富的自然资源主要牵头收集整理该资源的相关信息，涉及其他地区的特色资源统一上报四川，再由四川根据具体情况对资源提出共享方案，形成一个核心多方参与的合作方式，集中力量对资源进行归属管理。成立相应的科技资源服务共享平台，按照圆桌会议模式进行实际运行，即政府作为主持人，召集平台相关参与人（企业、高校、研究机构、中介等）对平台建设进行讨论，政府主要负责管理、监督、规划、召集、汇总、整理、协调、服务等方面的工作，参与人之间通过交流、沟通，将意见和建议反馈给主持人，政府汇集各方意见，最后形成科技资源共享服务平台建设和考核方案，并将方案进行招标公示。具有建设资格的单位均可以进行竞标，择优选取。政府应配套相应的资金和政策进行引导支持，最终实现市场化运作。其中公益性较强、无人竞标的项目，应该由政府出面进行承办，避免出现空缺。

科技资源共享服务平台在政府目标的指引下，对科技资源进行收集、分类、汇总、处理、分析、公开、共享等，并提供相应的服务。通过管理保障、科技资源保障提供必要的内部保障，物质保障、制度保障提供外部保障，做好机制建设和标准建设，以良好的质量标准保障平台的有序运行。政府根据各个平台的特点，设立绩效考核指标，应包括畅通性、普及性、有效性、及时性、服务质量等指标，由上级管理部门、第三方单位对目标完成度及质量进行评定，根据评定结果进行奖惩，保证科技资源共享服务平台按照政府目标要求不偏离跑道蓬勃发展。同时科技资源共享服务平台将运行中的问题反馈给政府，政府再按照圆桌会议模式进行意见收集和整改，保证科技资源共享服务质量的进一步提升。平台运行要点说明如图 0-4 所示。

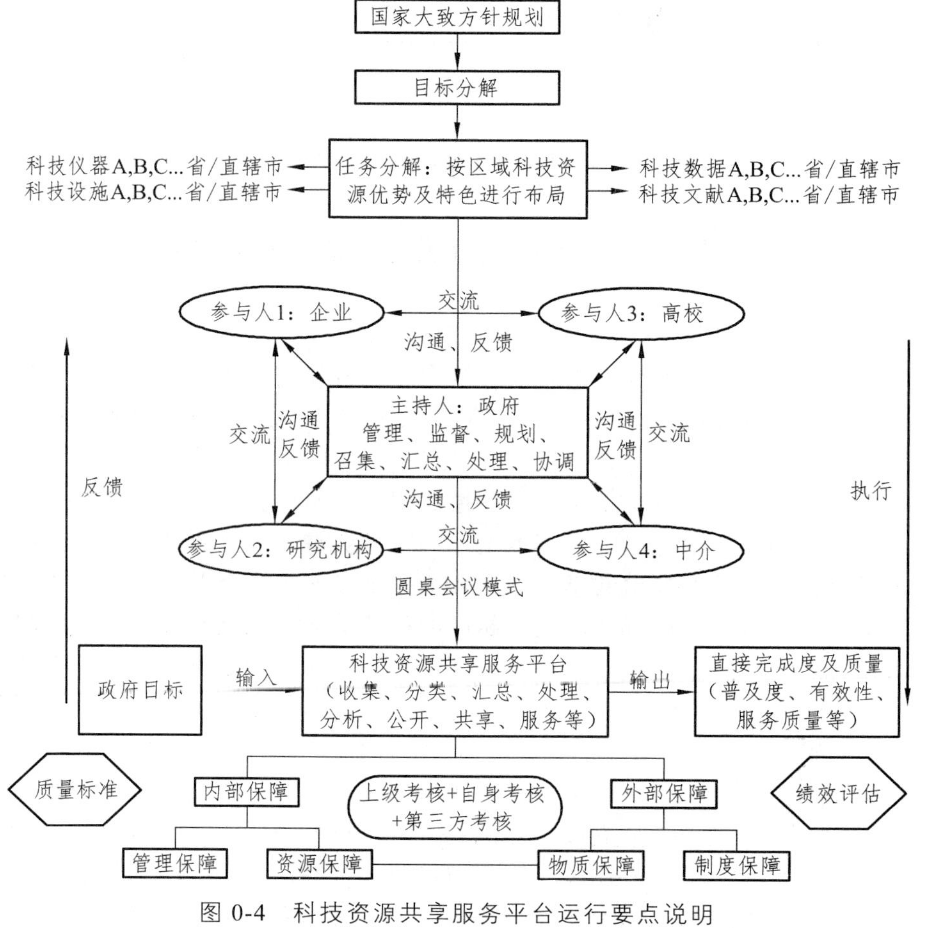

图 0-4　科技资源共享服务平台运行要点说明

2. 科技资源共享服务平台建设要点说明

科技资源共享服务平台包括主体和客体两个服务载体，其中主体负责给平台提供科技资源，平台是科技资源的服务方，客体获得所需科技资源，是平台的被服务方，政府是管理方，处于指导地位。主客体之间常常可以互换，比如，一家高新技术企业，既可以是接受科技资源的客体，同时也可以是提供资源的主体，而且这也应该是科技资源共享服务平台良性运行的主要方式。为了保证这种运行方式的进行，需要从机制建设和标准建设两个方面进行固化，形成一条主线，两个建设（机制建设和标准建设）的运行模式，如图 0-5 所示。

一条主线：主体到平台，平台到客体；两个建设：机制建设，标准建设。

机制建设应主要包括：汇集资源的激励机制、过期资源的淘汰机制、先进资源的筛选机制、人才建设机制、绩效考评机制等。

标准建设应主要包括：服务标准、管理标准、工作标准、技术标准、内部质量控制标准、资源信息标准等。

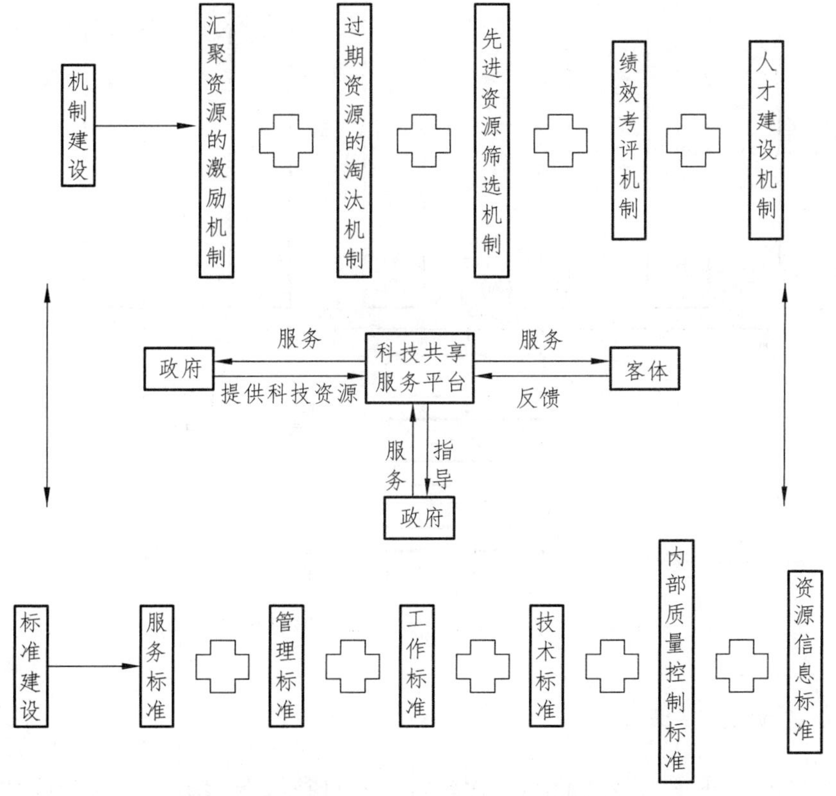

图 0-5 科技资源共享服务平台建设要点说明

3. 科技资源共享服务平台相关机构作用

与科技资源共享服务平台相关的机构和组织主要有政府、咨询机构、研发资助机构、中介组织。研究机构及其他支持性机构，他们对于平台的良性运行的作用不可或缺。其中政府主要负责制定科技政策，咨询机构负责为政府的科技政策提供建议，资助机构为平台的运行提供资金支持，中介组织促进科技信息的流动，研究机构和其他支持性机构提供科技资源，获得科技资源。在这些部门充分的沟通下，提交咨询报告，政府进行审议并决策执行。平台相关机构作用如图 0-6 所示。

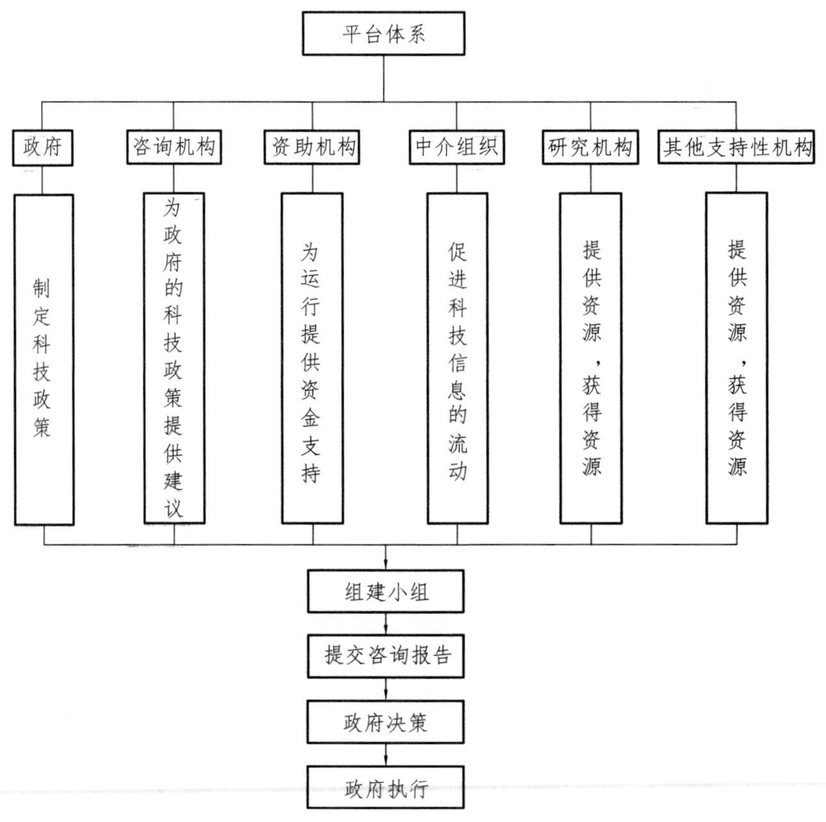

图 0-6　科技资源共享服务平台相关机构作用

五、总结与展望

在吸取国外发达地区的科技资源共享与科技资源服务平台建设成功案例的经验的基础上，通过体制机制创新，提出需要通过构建社会化、高效的以科技资源共享为核心的科技资源服务平台体系，来提高科技资源的利用效率，进而为企业创新提供共性技术服务，推动产业尤其是战略性新兴产业的发展。

第一章 科技资源共享服务平台建设的理论基础

第一节　基本理论

一、科技资源

“资源”是指一国或一定地区内拥有的物力、财力、人力等各种物质要素的总称，分为自然资源和社会资源两大类。前者如土地、森林、草原、动物、矿藏等；后者包括人力资源、信息资源以及经过劳动创造的各种物质财富等。在今天知识经济时代下，对某种资源利用必须用科学技术知识考虑利用资源的层次问题，还必须考虑地区配置和综合利用问题，这是世界一体化知识经济条件下解决资源问题的认识基础。

以智力资源为主要依托的知识经济是世界经济发展的必然趋势，是不以人们的主观意识为转移的，产生了科技资源的新概念。随着经济全球化，科技资源也打破了地区经济封锁，形成了以信息技术、生物技术、新能源技术及新材料技术等技术为核心的高技术聚合体，及从地区到全球，从微观到宏观，从局部到整体的开放共享格局。各种各样的科技资源之间相互联系，相互制约，实现产业结构动态优化，形成一个结构复杂的科技资源系统。科技资源系统可从性质、用途等不同角度进行不同的分类。

根据国际上对科技资源的分类和我国自身特点，可以把科技资源分为仪器设备、自然资源、科学数据、科技成果、科技文献、实验基地、科普资源、检测资源、实验动物、人才资源、其他科技资源等十一个大类，每个大类里面又有很多种小类分类。科技资源具备以下特点。

（1）知识性。

知识是经过人的思维整理过的信息、数据、形象、意向、价值标准以及社会的其他符号产物。科技资源具有知识产品特点：是创造性活动成果，满足人们的精神需要和物质需要，通过特定的方式对客体产生影响。

（2）商品性。

在商品经济条件下，科技资源是一种知识产品，具有商品的特征：是人类知识、智力输出的劳动成果。脑力劳动创造价值，知识成果在实物商品中所占比重越来越大，使知识产品成为独立的商品形态。科技资源正是人类脑力的劳动成果，并在科技进步越来越重要的时代中发挥了巨大的促进作用。

（3）及时性。

及时性是由科技资源的时效性决定的。科技资源的价值都有其时间性，一般来说及时性越强其价值性就越高，及时性原则是科技资源价值的重要保证。所以根据及时性原则，要求及时收集科技资源，及时处理整理，及时传递，按规定的时限提供给有关方面，才能保证价值的最大化。

（4）专业性。

专业性是指一个职业群体在一定的专业标准下工作的状态，具有以下特点：范围明确，垄断地从事于社会不可缺少的工作，在具体化的理论纲领下，运用高度的理智性技术进行工作，需要长期的专业教育，从事者具有专业自律性，负有判断、采取行为的责任。科技资源正是在一定的规范要求下进行收集整理运用，专业性要求非常高。

（5）价值性。

价值包含人的意识与生命的双重发展，包含人与外在自然的统一发展。人本身是价值的根本对象，人即价值本体，人的行为即价值源泉，人的发展既为价值结果。价值的实现过程一般包含两个阶段：第一阶段，“获取过程”；第二阶段，“消耗过程”。任何事物的价值，都是在被消耗的过程中实现的；价值是由生命对事物的需求产生的。因此，在一个事物所具有的物理量所能实现的价值的最大限度内，生命对事物的需求越大，事物的价值就越高。科技资源正是按照价值的实现过程产生，是人与外在相互作用的结果，具有明显的价值属性。

二、公共服务平台

“平台”原意是指通常高于附近区域的平面，后来泛指一种基础的可用于衍生其他产品的环境。随着计算机的发展和信息技术的不断提高，“平台”有了更广泛的含义，平台的本质在于积聚和应用，将不同地域、不同领域的信息和资源进行积聚，然后，通过资源的整合对外公开，实现资源的高效利用，并产生网络效应。“公共服务平台”，是为了区域经济和文化的发展，针对某类用户群体一定时期的公共需求，通过组织整合、集成优化各类资源，提供可共享共用的基础设施、设备和信息资源共享的各类渠道，以期为此类用户群体的公共需求提供统一的辅助解决方案，达到减少重复投入、提高资源效率、加强信息共享的目的。公共服务平台按照提供产品的属性可以分为科技公共服务平台、教育公共服务平台、交通公共服务平台等等；按照其提供产品的途径分为网络公共服务平台、手机公共服务平台等等。

公共技术服务机构是更为具体的科技公共服务平台，它整合共性技术开发、中间试验、产品测试等领域的基础条件资源，开展高新技术领域的重要技术标准研究，提高产业共性技术、关键技术的集成、配套能力和工程化技术服务水平。公共技术服务机构的服务对象、运作流程和建立机构因地、因需要而异。公共技术服务机构是指科技基础条件平台和技术创新服务平台，包含三层意思：一是科技资源的开放整合共享体系，增加专业化公共服务的有效供给；二是具备公共服务功能的服务体系，推动政府管理模式的根本转变；三是面向用户提供高质量的创新服务，向社会提供公共产品和优质服务。公共技术服务机构具备以下特点：

（1）开放性和公共性。

公共技术服务机构需要充分体现国家对产业发展的引导作用，要充分发挥平台的辐射效应，尽可能地覆盖较多的范围，是一个向全社会开放的多学科、多用户、多功能的科技资源保障与共享服务系统，具有促进科技进步和社会经济发展的公益性特征，区别于一些西方的公共技术服务机构。

（2）非市场竞争性。

公共技术服务机构的设立并非纯粹是为了盈利，体现国家政策的引导是其更大的使命，参与市场逐利、与自己的服务对象同台竞争会违背其最初设立的初衷。

（3）以中小企业为服务对象。

由于中小企业财力有限，在其发展的某些阶段具有较高的难度，公共技术服务机构能起到降低门槛的作用，以此推动某些高科技产业的发展，体现国家的宏观调控和引导。

（4）满足有效需求。

由于资源的稀缺性和其政策导向性，公共技术服务机构主要服务于企业迫切需要的，主要是中小企业产业内起步和发展的难点，产业链内重要但没有企业愿意或无力去经营的领域。

公共技术服务机构是支撑产业发展、体现国家对产业发展的政策导向，以企业尤其是中小企业为服务对象，有选择地在产业链内的某些关键环节公共技术服务的开放性和非市场逐利性的平台。其中，公共技术服务是指公共技术服务机构以不涉及最终产品的形式向中小型企业研发提供的设计、检测、测试和标准化等技术支持，将集聚到平台上的资源向中小企业溢出，拓展中小企业获得科技资源的渠道，促进资源共享，降低科技创新成本和行业进入门槛，进而加快成果转化、利用和扩散，快速推动人才、技术和资本的有效整合。

三、科技资源共享服务平台

“科技资源共享服务平台”是一种新生事物，具有参与主体的三方关系特性、契约关系的松散型与短暂性、分布式在线协作特性，以及参与者多对多等特点。这种复杂特性影响了科技资源共享服务平台中各方参与者之间合作的有效性，以及合作关系的维持。要建立有效的科技资源共享服务平台，必须对创新平台的三方关系互动模式进行深入分析，进而研究平台的形成机制和相应措施，使得三方能够建立有效的合作机制，共同提高科技资源共享服务平台的服务绩效和满意度。

科技资源共享服务平台是科技资源和服务等要素的聚合体，是服务企业等创新活动的网络体系，通过构建相应的管理制度，实现对各类资源的整合和与资源供需双方的有机联系，达到整合、积聚科技资源和服务、服务用户创新发展的定位。科技资源共享服务平台的作用就是将各类科技资源集聚合作，并向社会开放，将其技术、资源使用权利对外实施无差异化的共享，以求达到科技资源的高效利用和以科技资源服务社会发展的目的。对于平台来说，发挥了科技资源的整合、输出等作用，为需求方提供资源和服务，助力企业进行技术创新，实现科技资源共享服务平台整合科技资源、服务技术创新的理念；对用户来说，作为科技资源需求方，通过科技资源共享服务平台的体系开发新的技术成果，进一步发展，最后还会将发展过程中产生的新资源和新服务作为新的资源又整合进服务平台的资源体系，壮大了科技资源共享服务平台的创新资源和要素积聚。

第二节　平台建设与经济发展

科学技术的飞跃发展，科技资源对经济进步的推动作用也越来越重要，使科技与生产力的诸要素结合愈发紧密，并渗透和覆盖其中的每个部分，使其性质和功能发生质的飞跃。

科技成了富国之源，成了现代生产力中最活跃、最重要的因素；科技资源的进步和积累，是不断增加社会财富的源泉；科学技术已经成为促进经济社会变革的重要力量。

一、平台经济相关概念

平台经济（Platform Economics）是一种虚拟或真实的交易场所，以资源的流动、共享为驱动，以体系本身为基本生产工具的新型经济，是区域经济学、产业经济学、信息经济学以及交易成本理论的研究范畴。平台本身不生产产品，但可以促成双方或多方供求之间的交易，收取恰当的费用或赚取差价而获得收益。现实生活中可以找到很多平台经济的模型，如货物批发市场、综合商业体、新闻媒体，还有我们熟知的百度、腾讯、淘宝、京东、阿里巴巴等。平台的作用非常广泛，在现代生活与经济系统中，其重要性越来越大，成为新经济时代的重要形态。

平台经济研究，是指研究服务平台与平台的服务对象以及资源提供方之间的三方关系的场所，可以是虚拟的，可以是实体的，以此推动资源使用效益的最大化发挥，属于现代服务经济学。同样，科技资源共享服务平台也属于科技服务业，它包括科技公共服务经济学、资源配置经济学、公共服务经济学等分支学科。

二、平台经济的主要特点

平台经济与传统经济相比具有自己的特征，主要包括双向性、外向性、共享性等。

（1）虚拟性双向经济。

平台经济作为虚拟经济，具有双向性特征。双向性是指在现实的经济或社会活动中，参与人的活动对其他参与者带来的与活动目的非直接相关的影响，既可能是正效应，也可能是负效应。网络是在特定条件下提供服务，系统的各环节间有相关性，企业或对象的行为相互影响，用户是否使用或购买产品或服务，取决于其购买者是否需要这种产品或服务，这种交互行为的相互影响就是所说的“虚拟双向性”。

（2）知识性外向经济。

平台经济是外向性的，鼓励资源的开放和共享，目的是为其他主体间提供合作与交流的互惠平台。传统经济是报酬递减的，而以知识为基础的科技资源共享服务平台经济则不同，它的报酬是递增的。随着资源的逐渐共享，知识产生的经济效益会逐渐增加，能够在耗损很低的情况下，实现不同主体之间的交流转移。资源利用平台网络可在不增加费用下成倍地分发出去，当科技资源的产品运用于生产过程时，供给方成本的不断下降，又创造出更多需求和产品，极大提高了社会生产率，创造更高的经济报酬使平台经济具有自我实现的效应。

（3）服务性共享经济。

资源服务平台提供的是一种服务，是一种现代化的科技服务，如提供资源保存、信息共享、技术共用等服务，包括生产性服务和技术性服务。不断改进旧的经济形式，尤其是现代化的高新技术产业的发展，更需要这种科技型的服务。运用平台提供的高质量科技资源服务，使新兴产业发展更加迅速，生产方式也由原先的个体研发型向综合研发型进化。多层次共享需求越来越大，通过合作与共享扩大总体市场规模，加快新兴产业的发展，并形成了新的行业和研究方向。

三、科技资源共享服务平台与经济发展

科技资源共享服务平台是实现技术创新的重要条件，是吸纳仪器资源、文献资源、技术资源、人力资源等科技资源的整合互动，为用户搭建共享共用的科技资源交流使用场所，通过提供各种形式的科技资源服务，为企业降低研发成本，改进技术水平。创新性是科技资源需求者对产品最基本的要求，是否具备创新性也将直接影响资源价格。

在商品市场中独立的科技资源供给者因实现创新而付出巨额成本，导致科技产品价格高昂，消费者可能做出如下选择：一是消费者为了获得创新所带来的未来价值而愿意支付高额价格，但为了防止创新性普及而丧失，将以购买专利权的形式独占创新成果。这使得科技作用于经济发展的范围大大缩小，其他需求者若想再次获得该项研发成果往往需要支付更高的成本，他们选择放弃改善维持现状的可能性将更大，这将阻碍经济整体水平的提高。二是消费者在对成本和未来收益进行衡量后，可能会发现改变现状带来的未来收益本身具有不确定性，加上为其支付的昂贵成本，导致超额收益为负值，而维持现状或进行微小改变，未来收益增加幅度可能减缓但在总盈利期内获

得增值总额相较于改变而言更客观，因此可能更偏好于放弃改善，这也将阻碍经济整体水平的提高。

科技资源共享系统的开放性使得信息传递渠道更加畅通，交互式的合作也使得各主体间更加信任，系统运行更加稳定，其负熵对经济涨落的放大效应也将更加明显。对于单个需求主体而言，其超额价值来自：一是自身能力提升而带来的间接效益。在科技资源共享系统中，畅通的信息交流使需求者获得相关信息的渠道增多，合作式生产使得需求者与供给者的身份界限更加模糊，彼此诉求的满足不断提升着自身的创新能力，能力虽无法直接成为交换的商品而盈利但却可物化于产品生产效率的提升，由此实现更大的价值增值。二是产业链式的合作分工，减少研发总成本，而降低价格所创造的超额价值。在科技资源共享系统中，有序的分工合作使得沉没成本、重复投资减少，这将直接降低产品的价格，对于需求者而言降低购买价格将增加其净收益。三是因政府扶植而分担成本所创造的超额价值。在供给者享受来自政府相关政策优惠而降低生产成本时，对需求者即意味着可以以更低的价格购买产品，这将增加需求者的净收益。可见在资源有限约束下，参与主体的逐利行为会放大系统自身的无序和混乱状态，进而影响资源利用率。

科技资源共享系统的协调机制保障了生产的有序性和利益分配的合理性，而由此形成的各主体间的协同关系，保障了目标一致下的配合行为，最终产生了“1+1 > 2”的协同效应，实现了对科技资源的充分利用。综上，经济改革的不断深化使得产业转型势在必行，其对科学技术的依赖源于科技作用于经济发展的路径，通过创新实现资源使用效率的提高，在有限资源约束下这一新的经济增长路径更适应未来可持续发展战略。因此，对于科技资源的争夺也成为新时期下国家间、地方间的新焦点。鉴于我国资源投入的有限性，通过提高科技资源的使用效率而助推经济发展与社会进步将更具实践意义。科技资源共享是对有限资源的集中、有序使用，是对重复投资的规避，也是对地方保护主义的破除。在共享系统的运行过程中可以通过对整体经济发展态势的动态维持，既实现各子经济系统效应的最大化，又使科技创新聚集在区域内部促进区域经济迅速增长，有利于平衡我国区域经济水平。

目前，科技资源共享服务平台的建设不仅仅是一种服务手段，而逐渐成为政府部门转变政府职能的重要措施，从管理型政府逐渐向服务型政府的一种过渡。科技资源共享服务平台建设要形成有效的资源共享的协商机制、利益分配机制和平台的推广机制，这些都与科技资源的专业性、独特性和信息不对称性相关联。科技资源的这些特性既规定了资源的供需不充分竞争，也规定了科技资源难以形成有效的评估体系，因而科技资源难以自身通过市场实现共享与转化。科技资源共享服务平台的建设，对增加科技资源服务产品的供应、促进资源流动、增强区域创新能力，具有重要意义。平台经济是市场机制创新、服务体制创新的一种创新型产物。

平台经济的特性，避免了资源不平衡造成的竞争，弥补了市场机制失灵，使单向竞争转向共享竞争。科技资源的特性使得社会应该为科技资源共享服务平台建设寻求非市场化的途径，政府机构可以通过平台经济机制，实现对科技资源的合理配置，可以实现社会经济效益最大化，所以科技资源服务对平台经济具有巨大推进作用。

第三节　科技服务业与平台模式

一、科技服务业的内涵与特征

科技服务业是指运用现代科技知识、现代技术和分析研究方法，以及经验、信息等要素向社会提供智力服务的新兴产业，主要包括科学研究、专业技术服务、技术推广、科技信息交流、科技培训、技术咨询、技术孵化、技术市场、知识产权服务、科技评估和科技鉴证等活动。科技服务业是新的产业形态，包含了科技知识服务产品的创造、产业化过程，以技术形式提供服务，其手段是资源和技术知识，服务对象广泛，具有成长性高、附加值高、知识密集等特征，是推动产业结构优化的关键产业。

科技服务业是现代服务业中的一项重要组成部分，发展非常快，要素变化很迅速，并随着经济与科技结合度逐渐紧密而备受关注。各个国家都非常重视科技服务业发展的重要性，并提出了发展举措，如重点发展研发设计、技术转移转化、创新创业、科技咨询和科技金融等服务，推进科技服务业创新发展；还有开展各种形式科技创新服务平台的构建，其中就包括科技资源共享服务平台、科技创业服务平台以及科技金融服务平台等等。随着政府主导下科技创新服务体系的逐渐完善，为企业提供一站式科技公共服务的科技公共服务体系逐渐构建，企业在这里可以享受到从创业到产品开发到金融支持等一系列的创新服务，加快了以科技为支撑的经济产业的快速发展。大力发展科技服务业已经成为经济社会创新发展的重要共识。四川省也提出要进一步完善研发公共服务平台，健全省科技创新服务体系，提高孵化器、加速器等机构的服务能力，完善科技中介服务体系。

科技服务业是现代服务业的重要组成部分，是推动产业结构升级优化的关键产业。2014 年 10 月 9 日，国务院印发《关于加快科技服务业发展的若干意见》(国发〔2014〕49 号)，这是国务院首次对科技服务业发展做出的全面部署，并明确发展目标是：到 2020 年，基本形成覆盖科技创新全链条的科技服务体系，服务科技创新能力大幅增强，科技服务市场化水平和国际竞争力明显提升，培育一批拥有知名品牌的科技服务机构和龙头企业，涌现一批新型科技服务业态，形成一批科技服务产业集群，科技服务业产业规模达到 8 万亿元，成为促进科技经济结合的关键环节和经济提质增效升级的重要引擎。重点发展研究开发、技术转移、检验检测认证、创业孵化、知识产权、科技咨询、科技金融、科学技术普及等专业科技服务和综合科技服务，提升科技服务业对科技创新和产业发展的支撑能力。通过健全市场机制、强化基础支撑、加大财税支持、拓宽资金渠道、加强人才培养、深化开放合作、推动示范应用 7 个政策措施实现科技服务业的快速健康发展。

二、对研究有借鉴意义的四个发展模式及分析

科技服务业提供的是科技公共产品。公共产品是指在市场条件下，难以通过市场机制提供出来的产品，具有两个方面的特征：一是某人享受公共物品利益并不给他人带来额外的成本；二是某人对公共物品的享受并不排斥他人对公共品的享受。所以由国家统筹科技服务业是公共产品得以有效提供的重要保障。为了更好地研究国家科技资源共享服务平台的模式与机制，对与其相近的科技服务机构进行分析研究，探寻可借鉴的经验。

1. 技术经纪机构模式

技术经纪机构运作模式主要集中表现为几个特点：第一，依托政府。这些机构成立之初就是政府部分职能的延伸，一般在政府的直接投资下成立，由政府拨款组建、建设和运营，业务上接受政府指导，应对市场化发展灵活性差。第二，业务抓手上，多以搭建平台为主，按单位职能定位，从自身资源和政府延伸职能出发，服务于企业，专业化服务能力有限。第三，工作方式上，一定程度发挥了多方参与和联动，但对企业发展多元化等新业态缺乏敏锐洞察力，整合资源力度不够。第四，这些机构基本都具备专业的服务人才、良好的公信力、强大的网络支持、优良的信息整合能力。为满足广大中小企业对科技服务的市场化、多元化的需要，技术经纪机构发展需要进一步突破现有体制和机制的瓶颈，在政府的政策引导和推动下，加大综合性服务平台建设、专业化服务载体运营、骨干机构培育、高端人才培养等方面的工作。

2. 新型服务机构模式

新型服务机构，是指应对市场发展需求，近几年发展起来的、具有鲜明特色的科技服务机构，如提供知识产权服务的专利事务所。这类机构直接应对市场需求而自发产生，是市场的产物，虽然有些机构在成立之初也依托或挂靠事业单位或科研院所，但其成立宗旨和运营模式，几乎都是依靠市场，直接面向市场。目前这类新型机构表现出的特点主要是：第一，专业化的服务方向。集中于市场壁垒比较高的行业领域，提供企业自身所不具备的行业服务能力。第二，较强的人才优势。一般拥有行业领域的行业背景人才，并同时加强后期培养和互相学习，拥有所服务的客户所不具备的行业、市场、法律、咨询等知识。第三，市场化为导向。其盈利模式、发展规划、单位业务都完全以市场化为导向。新型机构具有清晰的业务方向、敏锐的市场反应能力、高端的人才队伍，引导他们参与到科技服务体系建设中，融合发展，互相借力，有利于科技服务业环境的塑造。

3. 创新平台模式

创新平台就是将创新资源与要素进行汇聚与整合，推动某个领域进行创新研究，并产生应用成果。在科技服务业领域，创新平台就是以提高行业整体的创新水平为目标，聚集科技服务业各个主体，并整合科技服务活动各个环节的创新资源，共同解决行业发展的关键技术以及研制新产品和新技术的网络系统，它为进驻该平台系统的企业提供开放创新、互补创新与合作创新的机会。根据科技服务内容的不同，我们可将创新平台分成六个子模块，即基础设施子模块、资源服务子模块、技术服务子模块、研发服务子模块、检测服务子模块、成果交易子模块。科技服务业的创新平台以企业为核心，为其提供硬件和软件设施租赁、信息情报或科学数据、技术开发或转让、试验检测或评估论证、产权或专利保护等一系列服务，贯穿企业创新活动的每一个环节。创新平台模式实质上是科技服务业体系中的基础服务体系与工具方法论体系的实现模式，以平台的方式推动科技服务业的发展。

根据平台服务对象的不同，创新平台可分为企业平台、社会平台、产业平台和国际平台，科技服务业的创新平台属于社会平台、产业平台的范畴。构建面向社会的科技创新平台，应充分发挥政府的引导、支持和监督作用（例如设立科技创新平台专门机构），鼓励各行各业的企业进入平台，使平台的创新资源多样化，同时建立多元化的资金投入体系以确保创新平台的持续运营。构建面向产业的科技创新平台，则由龙头企业牵引，聚集产业内的企业，协作制定创新平台的准入规则、运行机制与资金投入体系等，促进整个产业的进步。

4. “四聚”模式

“四聚”模式中，聚集是基础。“聚集”包括空间聚集、企业聚集、人才聚集和核心技术等创新主体的聚集，其特色与优势主要体现在一个“聚”字上面，聚集—聚合—聚焦—聚变，构成自主创新、引领创新、服务创新的“四聚”模式。清华科技园是这一模式的主要开拓者和践行者，这一模式是清华科技园打造世界一流大学科技园的成功经验总结，已被写入哈佛商学院的教案。

清华科技园是清华大学致力于发展科技服务业的一个重要平台。作为被科技部、教育部确认的首批国家大学科技园、我国唯一的 A 类国家大学科技园，清华科技园如今已成为中关村科技园区中建设速度最快、进驻率最高、入园企业质量最好、服务体系最完善的区域。首先看空间聚集。清华科技园有世界一流的环境。清华科技园是目前世界上最大的大学科技园，占地 25 公顷，总建筑面积 77 万平方米，建成楼宇 22 栋，常年出租率达 99%。其次看企业聚集。清华科技园聚集了 1 200 多家企业及机构，包括微软、宝洁、SUN 等世界 500 强企业，以及搜狐、网易、分众传媒等海外上市公司。清华科技园中最具发展潜力的是像数码视讯、展讯通信这样具有成为全球 500 强企业潜质的创新公司，这些公司都拥有当今世界顶尖的具有自主知识产权的核心技术，这批企业对中国未来的产业结构调整会产生巨大作用。这么多企业都选择清华科技园，其实主要还是看好这里的综合环境。这么多优秀企业的“聚集”，引发了各类资源在清华科技园汇集的蝶变效应，学校、社会、政府、金融等各方面都越来越关注清华科技园。

如今，海外同行和研究者也把清华科技园作为学习研究的对象，清华科技园所取得的成就已经得到世界同行的肯定和赞扬。

当所有资源都往这里聚集时，成功也就近在咫尺。如果说“聚集”是物理反应，是清华科技园累积势能、蓄势待发，那么“聚合”就是化学反应，是各个要素之间发生质变的过程，这是清华科技园成功的最关键一环。助推企业创新的因素主要包括政（政府）、产（企业）、学（学校）、研（研究机构）、金（金融）、贸（贸易）、媒（媒体）、介（中介）等八大要素，这些要素通过整合与连接，通过“产学”“产产”“产介”等聚合方式来实现。先看产学聚合，也就是企业和大学的融合发展，主要体现在三个方面：最初级的是企业借助大学的人才、专家等人力资源参与创新；中级是企业把一些创新课题委托给大学来完成，企业把自己的研发经费转移到学校的科研工作中，知识产权是大学的，经济效益是企业的；最高境界是企业和大学合办工程中心等研究机构，双方各取所需，最后的结果是双赢。再看产产聚合，主要是企业之间的联合；每个产业都有很强的产业链，如果能通过行业协会、产业联盟等机构，带动企业互动、互补，就能把这个产业链做得更好，形成更强竞争力。然后看产介聚合，广义是指科技服务业，狭义指科技中介，其中投资银行是重点；投行有两层含义，一方面指机构，也就是投资银行，另一方面指业务，包括上市、重组、收购、兼并等业务，投行业务是帮助企业快速发展的重要渠道；企业融资，不仅仅可以通过上市来实现，其实兼并、重组等途径都可以获得资金。“从零到一”发展，多数企业都可以实现，“从一到十”也并不难，但完成“从十到百”的跨越式发展就很难。因为这个过程中竞争十分激烈，企业遇到的瓶颈也越来越多。这个阶段，如果有投行业务介入，通过重组、收购、兼并等方式，也可以实现企业快速发展。

三、可借鉴的经验

（1）强化政府支持的科技资源共享服务平台。

政府类平台科技服务机构延伸了部分政府职能的服务内涵，承担了政府对科技服务业中成果转化、技术推广领域的人才培养的职能。比如四川省科学技术信息研究所在四川省科技厅的支持和指导下，整合四川省区域内科技资源，建立以共享机制为核心的四川省科技文献共享服务平台，现有科技文献数字资源 70 TB 以上，还牵头建设了“四川省科技文献共享服务平台”“四川省科技成果转化信息服务平台”“四川省科技金融服务平台”“四川省科技报告服务平台”“四川省技术转移服务平台”等专业化服务平台，构建了科技文献服务、科技情报研究、科技查新咨询、科技宣传普及、科技金融服务、科技经费评价和技术转移创新服务等业务；四川省生产力促进中心主要从事四川省高新技术产业发展、生物技术发展、省院省校合作、创新创业活动等辅助管理，为政府与企业提供发展战略性决策咨询及专家服务，面向地方政府、产业园区、孵化载体及企业提供专业化的科技咨询等服务。这些公益性的服务机构，获得众多中小企业的欢迎，服务成效明显。这些机构具有共同的特点：第一，其成立及发展都带有浓厚的政府背景，通常都作为政府的下属机构。第二，一般成立之初是由政府界定其功能定位，业务上直接由政府相关部门监管和指导。第三，得到了政府在财政投入、专项资金的支持和税收优惠。第四，这些机构在科技服务的过程中，都以建立公益性服务平台为主要目的之一，注重联络各方资源合力为社会提供金融支持、创业指导等智力服务和支撑。第五，运行机制上都注重紧密结合企业需求，这与科技服务业作为支撑产业的本质息息相关，与主体产业的发展和需求密切相连。

（2）推广中介类服务机构。

中介类服务机构主要是提供专业的技术推广、需求挖掘、交流对接等，充当连接组织的作用，在技术转移和成果产业化方面具有重要作用，能够加快科技服务产品的供给和科技成果的快速转化。比如西安科技大市场通过政府引导、市场配置、模式创新、政策支撑、服务集成“五措并举”，打造立足西安、服务关天、辐射全国、连通国际的科技资源集聚中心和科技服务创新平台，是技术创新和成果转化的加速器、科技产业发展的助推器、科技资源统筹利用的聚变器。例如成都市科技服务中心从事技术转让、技术开发、技术攻关、技术培训、技术交流、技术咨询、成果转化等科技服务工作；积极推进科研与生产之间，城乡之间，军工和民用技术之间的协作与联合；促进中小企业的技术进步，为振兴成都经济服务。还有四川省生产力促进中心有效发挥经纪人作用，通过信息沟通、需求对接，将高校成果应用于企业发展。

（3）强化第三方服务性的园区平台的建设。

目前，我国有用众多的产业园区，园区内企业众多，统一管理，有利于相近领域内的企业的集群式发展，企业的各类需求能够通过园区管理委员会统一解决，所以这些园区管理委员会本身就是一种公益性比较强的服务机构。所以，要重视园区管理机构的功能发挥与完善，尤其是在科技型企业集中的园区，更应该发挥其科技服务的功能。搭建不同于传统的第三方交易平台，园区平台提供者本身既是交易平台的管理者、服务者，也是项目产品的消费者和担保者，同时还是优秀项目商品的投资人，这样才能既解决企业的创业、发展问题，也能实现平台的自身效益。

第四节　科技资源共享服务平台

一、科技资源共享服务平台的需求分析

科技资源共享服务平台类似于开放式创新平台，是以网络共享为基础，开放各种形式的科技资源，因此又称之为“开放式科技资源共享服务平台”。科技资源共享服务平台为全社会提供了一个集聚科技资源的场所，并且通过管理层面的一个大平台，将这些科技资源进一步加以整合和梳理，成为向全社会开放共享的资源。对于科技资源共享来说，平台能够提供进一步推动资

源共享开放的环境，提供一个深化工作的起点；对于企业来说，为之提供了一个与科技资源服务机构与资源直接接触的机会和一个提高研发水平的途径；对于全社会的科技创新来说，这是一个互相交流、共同提高的好地方。

目前科技资源共享服务平台建设和运行的模式在我国还不够成熟，国家和地方都在努力探索，已经形成了一定的建设模式和运行的经验，但是总体来说科技资源还是相对比较封闭。我们把这种资源相对封闭和企业需求难以满足的现象产生的原因总结为以下几点：第一是科技资源共享服务平台建设的基础整体水平还不高，缺乏需求方和所有方之间的相互交流和沟通，没有形成整个社会范围内的开放式共享体系。第二是还缺乏对研发服务资源的宏观配置和管理，许多资源拥有方并不是在利用资源进行服务社会经济发展的工作，使得资金分散和缺少相应的配件供应渠道，客观上给开放式平台的发展带来困难。第三是到目前我国的科技资源共享服务平台统一规范并不完善，科技创新资源配置的体制还未形成完整的有效体系，缺乏开放式平台建设的各项标准；再一个方面就是对于科技资源的开放共享的机制还不完善，从另一角度说就是大部分拥有科技资源的单位还不想或者没时间将自己的科技资源加以共享开放。近年来各级地方政府投入了大量经费用于建设科技条件平台以及技术创新服务平台，进一步改善了科技创新资源的开放条件，但是在整体上还没有形成科技创新资源的集成与开放体系。此外，在科技资源服务方面还存在一些社会意识层面、制度体系和运行机制等诸方面的问题。所以，需要深入研究科技资源服务服务进一步开放的机制与模式等问题，为科技创新公共服务的进一步开放提供理论基础。

二、科技资源共享服务平台的共性特点

经过一系列调研和分析之后，从微观层面分析，可以发现目前的科技资源共享服务平台具有以下特点。

（1）运营目标并非纯粹以利润为导向。

这是由科技资源共享服务平台自身的性质所决定的，在我国，科技资源共享服务平台是由政府设立的，以期充分发挥资源积聚和扩散的平台效应，体现了国家对产业发展尤其是高新技术产业发展的支持和引导。由于处于如此的地位，科技资源共享服务平台虽是接近于高新技术企业但却非一般的应用型企业，它的规模不可能像一般企业一样无限扩大，运营目标也并非利润最大化，甚至在有些情况下平台会入不敷出。

（2）蕴含着政府对产业发展的战略思考。

科技资源共享服务平台的目的就是为政府进行科技资源的管理和共享服务，将科技资源的效用最大限度地发挥出来。通常情况下，政府通过平台鼓励某些高新技术的扩散，并服务于整个产业链，从某种意义上说，科技资源共享服务平台是“行业指向标”。

（3）不同行业的科技资源共享服务平台差异性大。

科技资源共享服务平台虽非纯粹利润导向但并非说利润是不重要的，平台能够“自谋生路”才能实现良性发展。平台所从事的工作也具有很大的差异性，比如说，生物医药产业和电子信息产业是两个方兴未艾的产业，而他们各自的科技资源共享服务平台就带有明显的产业差异特征。

（4）平台工作绩效难以考核。

由于科技资源共享服务平台的非纯粹营利性运营目标，工作绩效的考核不能以简单的盈利水平作为标准，很多考核指标难以量化，再加上行业的差异性，不同科技资源共享服务平台的行为和由行为而带来的产出可能相差很大。从横向上来看，有的科技资源共享服务平台由于身处发展迅速的产业，盈利水平相当可观，而某些较新兴的产业的科技资源共享服务平台可能出于服务市场化程度不高的原因，尚不能“自给自足”，还需要政府的补贴；从纵向上来说，同一个平台可能因为不同时期工作的焦点不同而带来盈利水平的差异。这说明，政府在对其进行考核和激励的时候具有一定的难度，必须要考虑到这些方面，兼顾公平性和效率性。

三、科技资源共享服务平台对创新集群的重要作用

普遍意义上来说，科技资源共享服务平台的建设意义体现在以下几个方面：首先，科技资源共享服务平台有助于实现国家和企业技术创新工程的有机对接。科技资源共享服务平台的建设不仅是国家科技资源共享服务平台的重要支撑，也是实现国家技术创新工程和企业作为技术创新主体化的重要途径。其次，科技资源共享服务平台是提升产业技术创新能力实现产业发展的需要。构建科技资源共享服务平台，有利于集成科技资源，对关键与共性技术需求实现集中突破，使我国技术自主创新能力不断增强。再次，科技资源共享服务平台的研究有利于提高企业技术创新竞争力，科技资源服务在某种程度上看，就是将一个企业没有的资源和技术能力，通过公开的方式，传输给这些企业，让企业提高其技术创新能力，开发出新的技术工艺或者产品，甚至实现产业创新，获得更多的经济效益。

在国家科技创新中，科技资源共享服务平台积聚资源，带动领域内的企业发展，类似一种集群式发展，我们把科技资源共享服务平台和创新集群放在一起进行比较研究，创新集群有助于区域内企业、高校和科研机构等主体的技术交流，有利于区域整体产业结构的转型升级，有助于区域内主体创新成本的降低，政府部门采取措施引导创新集群的产生和发展，科技资源共享服务平台在其中具有重要的作用。

（1）是国家科技创新体系中的重要组成部分。

国家科技创新体系以政府及其出台的科技制度政策为主导的科技创新管理，促进各类科技资源的融合，为国家提供科技支撑，其建设要求可以概括为以下几个方面：一是要以政策支持为主导，以科技型主体为发展主体，全面推进国家层面的科技创新体系的发展，提高国家科技创新能力。二是建设科学研究与高等教育有机结合的知识创新体系。三是建设军民结合、寓军于民的国防科技创新体系。四是建设特色和优势的区域创新体系。五是建设社会化、网络化的科技中介服务体系。各类科技资源共享服务平台依托优势单位，如优势企业、大专院校和科研机构等，整合相关领域的创新资源，并服务于该领域的创新主体。科技资源共享服务平台也因此就成为国家创新体系在不同区域和领域的先头兵，起到了以点带面的重要作用。

（2）有利于完善平台管理体制和运行机制。

从科技资源共享服务平台的定义和定位可以看到，它不同于以往的重点实验室、工程中心、企业技术中心、科研仪器中心等科技条件平台。科技资源共享服务平台在一定程度上是对以往建设基础的升级和革新。它更加注重激活现有资源，发挥显示成效；更加注重市场机制，发挥平台的能动性；更加注重企业和产业导向，让科技平台发挥出促进生产力的功效。这些重要转变显示我国的科技平台显示正在走向成熟，更加规范。这对于我国平台管理体制和运行机制起到了有意义的示范作用。

（3）整合不同创新主体和资源。

创新集群是不同创新主体与资源的集合，科技资源共享服务平台依托于重点企业、高校和科研院所等实力雄厚的单位，可以在集聚和整合创新主体和资源上发挥重要作用。重点企业居于在产业中占有举足轻重的地位，它需要众多中小企业来提供配套服务，高校和科研机构等向来就是新技术的重要发源地，这都有利于依托它们成立的科技资源共享服务平台集聚和整合创新产业集群所需要的资源。

（4）具有较强权威性和公信力。

创新集群涉及企业、科研院所等组织，具有相当程度的复杂性。如果没有一个具有较强权威性和公信力的机构来协调各主体之间的关系，创新集群就很难建立起来或者难以达到最佳效果。科技资源共享服务平台在国家指导下建设，并依托于行业龙头企业或科研院所，本身就具有权威性和公信力。它可以在知识共享、专利交易等活动上发挥作用，促使创新集群社会网络的形成。

（5）有助于科技创新成果转化。

大学和科研机构等创新主体一方面掌握有大量创新资源和技术，另一方面却因为体制机制限制而无法转化为现实生产力。科技资源共享服务平台就提供了这样一个途径，整合各类技术成果供企业选择和继续开发，这样有利于科技资源及科技成果不断地进行交流，有利于成果和资源及时到达需要这些资源的地方。科技资源共享服务平台整合了领域内的优势创新资源，居于相关领域企业网络的连接点上，扮演了行业共性技术开发和存储者的角色。这对于共性技术推广，相关企业协作竞争有明显促进作用，有了科技资源共享服务平台，中小企业才能获得之前难以获得的科技资源，并获得例如专家咨询、技术疑难解决、培训机会等多维度的服务产品，对企业尤其是初创期的企业的推动作用不言而喻，这也间接推动了整个产业的技术进步和效率提高。

第五节　国内研究综述

国内的学者主要从理论研究、政策建议研究、机制建设研究、标准体系建设研究、模型建构研究、共享服务技术研究、建设实践研究、设施设备共享研究 8 个方面对科技资源共享服务进行了较为系统的研究。

一、理论研究

陈金源等人借助委托代理理论探讨了区域科技资源共享中的委托代理关系及存在的委托代理问题，提出相关建议，不仅具有理论上的意义，也为我国当前科技资源多方关系的协调提供了一个切入点。包献华从科技资源对科技进步和创新的重要地位和作用，深刻把握新时代我国发展变革的要求，明确科技资源开放共享的战略定位、思路和举措。高峰、王剑等人在厘清科技信息资源服务与科研创新关系的基础上，探索了科技信息资源对创新活动支撑作用的影响因素模型，并通过访谈和调查问卷方式搜集的数据进行了实证研究。结果表明：科技信息资源服务的质量因素、共享程度和人力资源能力可通过服务层次等级中介传导作用于创新活动，并对科技创新的支撑产生显著的影响。基于上述结论，他提出了针对科技信息资源管理相关建议，以期能够为我国科技创新能力的相关研究提供参考。王可勇等人根据网络调研与文献调研，对科技资源共享模式、科技资源平台的建设情况来总结科技资源共享中所存在的不足，将共享经济理论渗透其中，从而形成更为优质的科技资源共享模式。李佳等人基于对区域创新服务平台间科技资源共享分析行为，构建演化博弈模型，探究博弈均衡策略及平台间科技资源共享行为的动态演化过程与影响因素，并进行数值仿真。研究表明：区域创新服务平台间科技资源互补程度越大、平台配置科技资源水平越高、运用先进信息技术能力越强、共享科技资源成本越低，越有利于促进区域创新服务平台选择科技资源共享策略。由此，他为加快推动跨平台科技资源开放共享提出相关建议。

二、政策建议研究

杨传喜等人以 1998—2017 年中文核心数据库中收录的科技资源研究领域的文献为数据基础，基于 CiteSpace 软件分析科技资源的总体研究现状、研究热点及研究前沿，为科研人员提供科技资源领域的研究动态，找到科技资源领域具有价值的研究方向。他发现学者间的研究合作较弱，研究机构间的总体连接较少，机构间研究合作需要加强，应建立规模化的研究机构群体；科技资源的研究集中在科技资源的内涵与要素、科技资源配置及配置效率、科技资源共享、区域科技资源、科技资源评价等，并提出了相关的对策建议。解莹站在中国特色社会主义新时代这一新的历史方位，提出科技类媒体应秉持高效、融合、创新的理念，从内容资源、平台资源、作者资源、读者资源等方面探索资源共建共享策略，不断提升自身传播力、公信力和影响力，在新时代彰显新作为、谱写新篇章。王静等人通过对山东省科技人才公共服务机构和科技人才进行问卷调查和访谈，并用 SPSS17.0 对调查数据进行统计发现了山东省科技人才公共服务发展中存在职能定位偏行政、事务性服务内容较多、延伸性服务深度不够和创新不足、科技资源共享服务以及创新成果转化支持不够等问题，并就此提出了改进决策建议。苏晓详细分析了欧盟技术转移体系和科技资源共享政策，发现欧盟创新体系具有“产学官”联合创新特点的重要原因是欧委会服务性职能定位和市场化手段保护竞争的意识。在此基础上，作者对中国政府特别是地方政府构建“产学官”联合创新体系提出政策建议。张绍丽等人以科技部和北京航空航天大学共同运行管理的中国科技资源共享网为例，在提出构建的现实依据和技术依据基础上，对科技资源共享网络平台体系的内涵性质、框架结构、功能设置及服务成效进行分析，同时，采用问卷调查和深度访谈实证研究形式，对其运行现状评价、优势及效用、关键影响因素及存在问题进行研究，最后，从标准化管理、用户满意度、大数据技术应用、资源共享法律保障以及专业化、职业化人才队伍等方面提出改进建议，并从延伸发展、资源拓宽、人机交互三条路径提出平台创新发展的优化策略。李佳等人结合影响因素分析，从资源集成、共享服务、运行管理与合作支持 4 个维度，构建区域科技资源共享平台综合绩效评价指标体系，引入熵权与层析分析法进行组合赋权，设计基于规则的评价模型，并以黑龙江省科技创新创业共享服务平台为例进行实证研究。实证表明设计的评价指标体系与评价方法具有很好的适用性与推广性，其应用可为我国各区域科技资源共享平台发展与服务升级提供科学依据与方向指引。张宇立足当前我国高校图书馆科技资源共享现状与问题，从多方面对建立高校图书馆科技资源共享体系提出具体的对策，可以推动高校在科技创新中发挥更加积极的作用。

三、机制建设研究

游静等人以平台“建设—运行—绩效反馈”生命周期为主线，构建基于投入机制、决策机制、共享机制、服务定价机制以及绩效考核机制的科技服务平台运行机制体系框架，剖析投入机制、决策机制、共享机制、服务定价机制以及绩效考核机制等具体内容，有助于理清科技服务平台运行机制，促进科技服务平台运行效益提升。邵玉昆等人通过分析当前国内外科技信息资源共享机制的研究现状，针对目前国内的一些问题，从科技资源制度、体系、技术等方面提出相关建议和对策。薛培元等人对照基础领域资源共享体系与军民科技协同创新体系的规划和计划，发现现有科技基础资源在管理和利用机制上还存在不小差距，需要根据军民融合发展战略的要求，对科技基础资源进行全面系统的考虑，从而更好地服务于军民融合深度发展。江崇莲等人以东北三省为例进行了实证研究，分析了东北三省科技资源共享政策运行的阻隔，并给出了推动东北三省科技资源共享水平的政策疏解路径。通过透析科技资源共享政策网络主体互动，为科技资源共享政策的高效执行提供了理论支持，也弥补了以往科技资源共享政策研究忽视多元主体互动的不足，从而为科技资源共享政策的研究开辟一个新的视角。曾琼等人发现现有科技资源共享服务管理出现问题的根源在于未正确处理好科技资源“公共品”和“私人品”的双重价值属性矛盾，并以重庆为例，充分考虑科技基础资源双重价值属性，结合国家鼓励社会资本参与科研基础设施社会化服务的政策要求，从 PPP（政府和社会资本合作）的视角构建科技资源共享服务管理模式，建立保证该模式成功运行的成本收益分配机制、协调管理机制、资源整合机制、回报机制、激励与约束机制和相应制度。王宏起等人以政府购买技术与服务为理念，将区域科技资源共享平台为载体，创新券为激励科技企业创新工具，依托两者有机融合，设计一套包括创新券分配机制、奖励与衰减机制和监管机制的区域科技资源共享平台激励机制，能对共享平台服务和科技企业创新进行双向激励的同时，为创新券在我国长效推行与应用提供一种新的运管方式。魏淑艳总结了国外在科技资源共享方面积累的有益经验，提出了对我国科技资源共享的几点启示：科技资源的共享已经成为国际社会的共同行动和大势所趋；国家要制定和实施共享战略，制订共享政策法规营造共享的社会氛围，加强科技资源投入的顶层设计和宏观调控，必须自上而下改革目前科技资源分散投入的体制，建立健全国家科技资源资产管理制度，“实行分类分级管理”，明确管理者的权利和义务“促进科技资源的开放与共享”。戴国强分析了我国科技资源开放共享工作面临的新形势和新要求，进一步加强科技平台统筹规划，完善制度机制，深化运行服务，促进科技资源开放共享与高效利用，对于深化科技体制改革、构建创新型国家具有重要意义。

四、标准体系建设研究

王志强等人从科技资源、科技资源管理及其标准体系的概念入手，阐述了科技资源的主要类型、科技资源的全生命周期管理，给出了科技资源管理标准体系的构建原则和方法，并从科技资源类型和科技资源全生命周期管理两个维度给出了科技资源管理标准体系框架。杨青海采用 PDCA 循环的方式，定期对标准体系进行持续改进的方式，进一步完善科技资源管理标准体系，并在标准体系的指导下，开展资源描述、资源获取和处置、资源服务、资源评价类等的关键技术标准研制。赵启阳在分析科技资源特点的基础上，对国内外科技资源元数据标准的研究现状进行了梳理和总结基础上，提出了一种基于用户需求挖掘的研究视角，借助目前蓬勃发展的自然语言处理和机器学习等技术，充分考虑元数据服务终端用户的真实需求，实现元数据域的自动生成和热度排序，以此提高元数据服务和应用的效率，进而促进科技资源共享的进一步发展。

五、模型建构研究

戚湧等人通过研究协同创新主体资源共享问题，明确协同创新资源共享的内涵；并建立监管部门、企业、高校和研究院所三者之间的博弈模型，提出对策建议。张亚明等人从协同创新博弈观的思维逻辑出发，基于同质创新政府与异质创新政府博弈模型剖析京津冀协同创新过程中科技资源共享的“囚徒困境”成因，由此建立京津冀科技资源共享的“声誉博弈”模型以寻求纳什均衡的突破点，最后从协同共享理念、协同共享机制以及协同共享环境营造多个维度提出促进京津冀科技资源共享的对策建议。张文瑾等人利用O2O 模式构建大型科学仪器开放共享网络管理平台能够提高仪器设备的使用效率,分析利用在运营中所获取的大数据资源有助于进一步提升服务效能,并对网络管理平台进行架构设计、用户需求分析、功能需求设计，阐述网络管理平台的特色优势,以及基于 O2O 模式构建的重庆大型科学仪器资源共享网络平台所取得的初步成效。笪琼瑶等人在国内外学者对政府和社会资本合作（PPP）模式对科技资源配置效率作用研究的基础上，通过分析我国科技资源产权中存在的问题，提出在科技资源配置中引入 PPP 模式，明晰科技资源产权，优化科技资源配置效率，促进科技创新。余建潮等人通过分析科技创新资源公共服务需求，基于互联网思维教育理念，探索互联网+科技创新资源的整合模式，结合科技创新资源开放共享的实践，从推进管理机制改革、构建管理制度体系、强化管理队伍建设、优化管理创新服务等方面，阐述推进科技创新资源整合与共享机制创新举措，助力创新驱动发展。贾君枝等人通过网络调研和文献调研，分析当下科技资源共享模式、科技资源平台建设情况，总结科技资源共享中的不足，引入共享经济优化服务模式，可以通过双向整合供需信息、建立按需定制的服务模式、完善市场化运行机制的共享模式优化策略，促进科研转化，提升科技资源经济效益。

六、共享服务技术研究

赵朋飞针对当前科技资源共享性差的现状，提出在资源分类、数据集成共享、Web 服务查找优化等关键问题上开发基于 SOA 的科技资源共享平台建设方案，使用 XML 对分布式异构数据库数据进行集成，建立 Web 服务 cache 库，提高 Web 服务查询效率。管浩然在“互联网+”背景下，选择有效对策实现科技信息资源共享，进而使科技信息资源得以更好利用，实现其应有价值。李光红等人基于新创科技企业的实证研究，企业信息技术应用对开放式创新具有正向影响，灵活性和结合性是影响开放式创新的两种主要信息技术策略，随着资源共享的演进，两种策略对开放式创新的积极效应也不断强化，为此，新创科技企业应通过加强信息技术建设来突破创新资源约束。游静等人在剖析科技中介模式、众包模式、众创模式不同形式科技服务平台运行模式的基础上，以科技云集成思路为导向，剖析科技云平台数据资源、服务功能、用户对象，刻画政府主导模式下的科技云运行模式和企业主导模式下的科技云运行模式。她指出科技云模式下，科技服务平台数据资源将以资源池形式集中呈现，科技服务将体现“一站式”服务特征，政府主导下的科技云运行模式与企业主导下的科技云运行模式将存在差异。高文法从医疗资源人员整合、职能整合、信息整合利用、医疗保险、信息资源整合、医疗保险支付方式整合等几个方面分析互联网+科技创新的意义。高长春提出创新网络应由企业、政府、大学与科研机构、金融及中介机构等主体构成，企业是创新网络的核心网络层，其他三维则构成了支撑网络层，通过各主体互动形成网络层次结构来有效提高区域的创新能力，有效调节区域的科技资源、人力资源和创新资源，形成不同层面的创新网络，以提升区域内创新网络上各节点的创新能力。牛园园通过以实际需求为依据、根据潜在需求推送信息、应用智慧营销模式四个方面对大数据环境下资源共享平台云服务模式设计策略进行了讨论，并通过资源共享平台功能及存在的问题、构建思路及体系构架进行了总结。

七、建设实践研究

袁海波等人探讨了实施资源共享的重要性和意义，介绍了国家科技图书文献中心成立的背景、任务、管理模式及发展现状，总结了中心推进资源共建共享的启示，分析了中心的建立与发展对我国科技信息管理体制改革所产生的影响。戴杨等人为有效促进上海优质创新资源的区域辐射效应，基于上海和长三角区域其他省市多年的实践经验，通过促进区域创新服务与创新需求跨区域对接，探索跨区域创新服务模式，增强上海科技创新资源对于长三角地区创新发展的支撑作用。王德润等人聚焦国家战略和长三角地区经济社会发展需求，构建协同创新网络为主线，以合力打造重大创新载体为重点，以技术转移体系建设为突破口，创新资源开放共享新机制，持续深入推进联合攻关，完善科技合作新机制，推动长三角科技创新协同发展，着力构建长三角区域创新共同体。黎霞通过强化科技与经济运行监测分析，实现科技管理者、参与创新创业的科研机构、企业和个人的全方位、一站式的云管理和服务，实现科技资源、科技数据、科技服务、科技管理的互联互通和开放共享。周宏虹通过对广东及香港、澳门等地区科技信息资源的开放共享情况及制约因素进行研究，从建立开放共享机制和开放共享平台、举办成果展等角度提出对策建议。陈卓等人就如何进一步发挥科技宣传信息职能作用，做好科技宣传工作，建设辽宁科技宣传信息资源共享服务平台进行研究。沈开艳针对长三角省际市际协调机制和区域协调机制，通过构建区域创新体系相行政管理与法律框架，对区域创新资源的合理配置与运用。廖球等人基于对广西高校科研数据使用及管理特点的分析，提出了科研数据管理的几条对策：确立科研数据管理的相关政策，做好数据存档及访问认证，规范科研数据管理工作流程，建立校内的科研数据管理与监护平台。他们还提出建设广西统一的科研数据共享平台并指出实现数据共享的路径：建立保障各参与方利益平衡的机制，制定科学的管理规范，部署平台的构建，争取经费保障。

八、设施设备共享研究

何晋浙等人针对高校实验室资源的有限性，分析了高校实验室资源共享所存在的问题及国内外实验室的资源共享机制背景，探讨了高校实验室共享资源实施对策，从实验室共享资源管理制度的建设及实验室的资源共享平台的建设入手，以共享为核心，集聚、整合科技条件资源，对高校科技条件资源进行战略重组和资源优化，以促进高校科技资源高效配置，实现实验室资源共享。杨巍等人通过进一步加强信息共享、推动仪器跨区域共享、科研经费适度向西部地区倾斜等措施促进科研仪器设备共享。朱霞等人从我国高校科研仪器设备共享平台建设的现状入手，阐述了地方高校建设科研仪器设备共享平台的必要性，针对地方高校科研仪器设备使用率低与共享率低的原因进行简要分析，最后结合地方高校实际情况，提供一些可行性建议来推进地方高校科研仪器设备共享平台的建设，探索适合其发展的管理模式。王海等人从高等院校设备使用效率低和服务水平差等缺点，探讨有效的仪器设备开放共享机制。杨巍等人剖析了某高校现有仪器设备共享的主要做法，并结合该校科研仪器设备共享中现存的主要问题，提出了打破院际间限制，整合高校内部资源；利用物联网技术构建校内仪器设备共享平台；重视设备管理人员培养，制定设备使用统计标准等建议。陈强从区域创新网络协同治理的理论与实践出发，科学管理重大科研基础设施运行、开放共享，发挥重大科研基础设施的效用。孙宇等，针对高校大型仪器设备资源配置分散、封闭、重复建设等问题，通过统筹购置论证，以及大型仪器设备共享系统的建设，深化机制体制改革，完善院级平台等方面提出了建议。

第二章 发达国家的科技资源服务现状及可借鉴的经验

为了加强政府对科技资源的共享和引导性，西方国家较早建立了国家技术服务机构等类似平台的职能机构，服务对象主要是产业集群或垄断企业。通过梳理西方国家科技资源共享服务方面的历史，总结发展模式，提供对我国平台建设有用的经验。本章首先分析国外平台现状，对典型的案例进行深入剖析，最后总结发展模式。

第一节 发达国家的科技资源服务现状

一、发达国家科技资源服务共享方式概况

资源的排他性决定了客观共享的困难，然而，随着科技的不断发展，冲破客观阻力的资源共享正日益成为全社会的共识。从发达国家和地区在科技资源共享方面的实践，科技资源共享的模式大致可以归纳为以下几种：

（1）政策引导。

主要以美国为主。美国很早就开始建设分布式、高效率的数据中心，不断推动社会共享，并对公益性数据进行扩散。美国建立了“完全与开放”的法制体系，例如颁布《信息自由法》《版权法》《科技资源管理通告》等与资源共享的法规政策，专门成立技术服务中心，推进科技信息的共享，促使科技成果转化效率的不断提高，成立国家技术信息服务局，向美国产学研界开放可共享的科技信息资源。

（2）项目推动。

主要以欧盟为主。欧盟在研究领域和科研基础设施上重视多国共建共享

的科技资源服务模式。欧盟提出了欧洲研发区的理念，内容包括：建立以研发网络为基础的研究所，利用网络手段建立一批非实体的研究中心，促进各国之间共享科技基础条件设施，鼓励国家之间开展多种形式的研发合作，强化各个国家科技机构的多种形式的合作，鼓励各类研发人员在不同单位之间的流动，促进科技资源与知识的交流，等等。在法国的国家科研中心和德国的马普兰等一些大型机构中，研究单位之间展开了多形式的科研合作，这些合作以科研项目为主导，积极促进相应科技资源的流动。

（3）资源拉动。

主要是日本的资源共享实践。日本非常重视科技基础资源使用效率的提高，它不但制定了相关法律，以保证国家财政购买的科研设备能够完全发挥其功能，而且还发布了类似设备共用、民间委托等一批政策举措，有效促进了产学研合作与互动。

由此可见，美国科技资源共享是以完善的法制保证科技资源的共享和传播；欧盟在于通过项目形式推动科技资源的共享和科技人员的流动，提高资源利用效率；日本则是高效率使用有限资源，缓解科技投入不足等因素给企业创新带来的障碍。以上三种科技资源共享方式在科技创新中发挥了巨大作用，对我国科技资源共享建设提供了有益参考。

二、发达国家科技资源共享服务平台研究情况

（1）企业开放式资源服务平台研究。

具有代表性的是乔·韦斯特（Joel West）对于开放式平台发展趋势的研究。他研究了计算机行业如何从专有平台战略转移到开放平台战略的三个阶段的演变：第一个阶段是专有平台。企业领导者整合资源提供平台内部共享，给企业带来更多利润。第二个阶段是确定开放标准。企业和竞争对手寻求共享价值，探索开放式平台开放技术和资源的统一标准。第三个阶段是商业化的开放式平台。科技资源在企业间顺利的流通，并为不同企业共享共用。

（2）开放式平台推动技术创新研究。

学者研究了如何运用开放式平台提高资源对经济的促进作用。另外还有学者研究了开放资源对企业效能的影响，使得企业愿意通过越来越多的外部资源来帮助自己进行创新。

（3）科技资源共享服务平台与共享价值研究。

著名战略管理学者迈克尔·波特进行了新的阐述，在他和马克·克雷默的《创造共享价值》一文中提出了“共享价值”的理念，认为企业必须要从

单纯地创造经济价值转向创造共享价值，这种共享价值的过程产生了大量的新应用，吸引了众多用户，给建设者和平台拥有者带来了新的价值增长点。

三、国外成功经验对我国建设科技资源共享服务平台的启示

从国外经验与研究成果分析可知，科技资源共享服务平台是一种类似于虚拟网络的开放式平台,理论上可以把科技资源共享服务平台分为两种形式：资源服务外包和创新合作。在资源服务外包中，企业只负责提出技术任务并给予一定的报酬，提出的任务基本上都是由其他资源服务机构去完成；在创新合作中，企业提出技术创新任务后，与资源服务机构建立合作关系，共同完成该任务，并进行成果分配。

目前，从我国现状来看，我们所研究的科技资源共享服务平台工作内容类似于国外的创新服务机构，管理形式上主要以政府主导为主，在政府部门的牵头和引导下，由高校、科研单位、技术服务机构与企业等共同组建的跨地区的技术创新支撑服务体系。我国的科技资源共享服务平台具有更强的公益性，强调资源共享和技术服务功能。基于国外平台建设的做法经验，结合我国的现状，可以总结可供借鉴的启示。

（1）统筹组织平台建设。

科技资源共享服务平台的最终目标是提高企业的创新能力，体现了政府发展战略性新兴产业的意愿。政府不仅应为资源服务平台提供政策和资金支持、提高平台使用效率、监督和指导平台的运行，还需要成立专门的组织来指导、管理跨部门、跨行业、跨地域的资源服务平台建设。

（2）以企业需求构筑平台内涵。

借鉴发达国家科技资源共性与服务的经验，根据领域企业发展的现状，紧紧围绕企业对技术服务的需求，确定平台的服务范围、领域和发展规划，提升平台服务能级,针对性地开展科技资源的配置以及资源服务模式的探索，促进更多的资源向企业集聚。

（3）扩大平台服务的受益面。

科技资源共享服务平台是政府支持创新的机构，具有更多的外部性，应促进平台的资源和服务覆盖更多的企业，指导企业参与合作研发及创新推广项目，帮助企业从平台获得更多的技术和服务，注重服务效果的体现，进行适当的绩效评估。

（4）建设多角度资金支持体系。

在资金支持上，重视平台与国家政策的相互对接，及时调整产业政策等

相关政扶持策、平台规划，形成中央资金引导、地方和企业共同参与的机制，逐渐全社会共同参与，利用公共部门的资金带动社会部门的资金。

第二节　发达国家科技资源共享可借鉴的经验

发达国家在科技公共服务机构的建设和运行上进行了较长时间的实践，现主要是以市场机制推进科技资源利用为主、政府支持管理为辅，开发本国科技资源增加行业竞争优势。通过梳理这些国家在科技资源平台运行机制、管理机制、激励机制和绩效评价等方面的探索，总结出对我国的科技资源共享服务平台的建设和运营具有重要参考价值的经验。

一、美国的科技资源共享服务建设

美国在世界上属于科技发展最快的地区，创新体系十分完善，企业已成为技术创新的主体，市场化机制非常成熟，科技资源的共享法律体系完善、利用效率高，国有科技资源的管理和共享机制完备。美国在科技资源服务过程中，探索出了高效利用国家实验室资源的管理体系，美国国防部还充分利用民用优势科技资源服务国防科技创新，加速推进国防科技成果向民用领域转化，高效共享国防实验室、重大科研试验设施等科技资源，有力保障了美国防工业基础和军事实力处于全球领先地位，主要经验如下。

（1）统筹利用资源，实行分级管理。

美国国防部 2004 年成立了试验资源管理中心（TRMC），实现了国防试验与鉴定资源的统筹规划和集中监管，具体从三个层次对全社会的设施资源进行统筹利用，提升科技资源的利用效率和投资效益。第一个层次是国防部内部的设施资源，重点是重大靶场设施资源（MRTFB），以及分布在国防部下属实验室、试验与鉴定中心的其他设施。这一层次是监管的重点，由国防部直接规划建设并给予稳定投入。第二个层次是能源部、NASA 等其他政府部门的设施资源。这一层次主要通过部际委员会进行协调或签署合作备忘录等方式进行资源共享。如 2007 年，NASA 与国防部签订国家伙伴航空试验设施共享备忘录，两家部门下属的风洞、推进测试设施、模拟设施、开放靶场等实现资源共享。第三个层次是全国范围内与国防科研密切相关的设施资源，包括分布在大学、工业界等的设施。这一层次主要通过合同的方式进行利用。

（2）立法明确职责，调动主体活力。

美国法律明确规定联邦实验室等政府科研机构承担设施、信息、技术等资源共享的职责，并接受定期考核；实验室可接受工业界投资，并向工业界提供人员、设施服务。政府投资的设施、平台等资源在保障美国政府利益的前提下，按照本政府部门科研机构、其他政府部门科研机构、工业界等优先级提供开放共享服务。在工业界范围内，美国本土制造企业和中小企业享有优先权，为国外拥有或控制的公司提供服务，必须符合美国出口控制规定。

除制定法律外，政府还通过竞争性采购、经费资助、税收减免、消费补贴、制定标准等方式，充分利用民用乃至全球优势科技资源服务国防科技创新。对于大中型企业开展国防创新活动，美国政府采用费用补偿、共同投资、税收减免等方式，如针对工业界实施的独立研发计划，政府通过直接采购形式给予工业界投入经费一半左右的合同补偿；对于中小企业，多采取直接投资的方式吸引其参与国防，同时要求大型防务承包商把政府采购合同的 20% 给中小企业。

（3）营造创新环境，多维开放共享。

一是注重信息交流。美国防部要求各军种和业务局及时发布项目信息，政府和工业界、大学等创新主体可以通过国防部信息分析中心、“国防创新市场”网站等平台加强需求信息交流。如 DODTechMatch 网站主要为工业界和学术界在国防部实验室中寻找合作机会，网站每天向登记用户发送一份电子邮件，提供与用户相匹配的需求信息。国防部和各军种借助创新论坛、挑战赛、创意平台、开放日等方式，在更大范围内实现信息与知识共享，激发创新思维。

二是促进成果转化。国防部实验室通过合作研发协议、专利许可协议、合作中介协议等方式与工业界开展紧密合作，促进技术成果转移转化。其中合作研究与开发协议应用最广泛，由国防部实验室提供人员、技术和设施，工业界提供资金等资源、双方合作研发促进成果转化应用。2000—2011 年，国防部通过许可协议产生的总经济达 363 亿美元，影响就业超过 16 万人。

三是推动平台开放。国防部授权下属实验室根据服务对象和内容有选择地将实验设备、试验设施、技术成果向社会有偿开放，提升资源利用效率。截止到 2014 年，国防部开放了 1 066 个试验设施，其中海军 473 个，陆军 455 个，空军 138 个，包括小型实验室、中心、测试设施和靶场等 39 个类别。设施用户须提出书面申请，经实验室审查通过后，双方就收取费用、知识产权归属、利益分配比例等协商一致，费用一般遵循成本补偿原则。

四是加强安全管控。开放共享过程中涉及的敏感信息、涉密信息、军事关键技术信息等需进行严格管控。国防实验室在接触敏感信息资格控制上，主要通过国防部通用访问卡，确保合作方具有进入其受控空间、计算机网络或信息系统的资格。项目合作过程中，需对合作方进行严格的机构安全、员工安全以及国外拥有、控制和影响审查，并采取相应的管控措施。

案例 1：美国科技资源服务共享在国防科技工作中的运用及启示

国防科技一般是指新型武器系统型号研制之前开展的国防科学研究和技术开发活动。美国国防科技主要包括基础研究、应用研究和先期技术开发等工作。长期以来，美国在国防科技管理实践中不断开拓创新并积累经验，有力推动了国防科技领域的快速发展，为确保美国军事领先优势奠定了重要基础。

一、构建完备的科技战略规划体系，牵引国防科技长远发展

国防科技具有基础性、探索性、军民两用性等特点，风险和不确定因素多，需要由政府、国防部和军种等部门统筹谋划。美国将国防科技工作置于重要战略地位，从国家顶层，到国防部和军种，构建了协调配合、上下结合的科技战略规划体系，引领和指导各领域国防科技协调发展。白宫科技政策办公室是美国重要的科技政策、重大科技计划的牵头制定部门，由该办公室牵头制定的国家创新战略等科技领域战略，从科技发展全局出发提出国家科技创新发展总体构想、方向重点和政策措施，为各部门制定具体实施政策提供了有力指导。如 2015 年《美国创新战略》提出清洁能源技术、生物技术、纳米技术、先进制造技术、空间能力与应用、医疗技术和教育技术等七大国家优先创新领域，并提出加强国家基础设施、高速互联网、基础研究等政策措施，对国防部制定科技战略规划提出了指导。此外，白宫科技政策办公室还通过发布重大跨部门科技计划，如 2000 年正式发布的“国家纳米技术计划”（NNI）、2013 年正式发布的“通过推动创新型神经技术开展大脑研究”（BRAIN，简称脑计划）等，组织军民协同参与，共同推进重大科技领域发展。

二、营造竞争开放的科研工作环境，扶持多元科技研发力量

营造开放竞争环境、培育多元国防科技创新主体，是激发国防科技持续创新的活力源泉。

（一）设置多种国防科技计划，有针对性地扶持各类创新主体

美军设置多种基础研究计划、应用研究计划，扶持大学、中小企业、科研院所等各类科研主体。例如，针对大学基础研究，美军设置多学科大学研究倡议（MURI）、国防大学研究仪表测量设备（设施）计划（DURIP）、科学与工程研究训练提高奖励（AASERT）计划、国防科学与工程研究生奖学金、大学研究基础设施支援计划（URISP）、国防部促进竞争研究试验计划

（DEPSCR）等，扶持大学基础研究力量，提高其原始性创新能力。针对小企业国防科学技术研发工作，美军有小企业创新计划等，扶持小企业参与国防科技创新。近年来，美军加大对小企业创新研究计划（SBIR）的支持力度，不但资助小企业参与先期技术开发工作，还支持小企业推进科技成果转化工作，搭建技术转移信息平台，促进小企业研究成果尽快转化应用。针对缺少资金投入、从事尖端技术领域研究的机构和个人，美军各部门还采取其他有力措施予以支持，如 DARPA 设立了“机器人快速通道”项目，帮助那些长期致力于机器人技术开发的小企业和个人加入与国防部合作的阵营中，该项目 2016 年开始投资。

（二）公开发布国防科技信息，为各类主体提供平等机会

美军通过网站、新媒体等公开渠道，发布国防部科技战略、规划等文件，以及各军种、国防高级研究计划局和导弹防御局等部门预研项目需求信息，为大学、企业、军内研究实验室、非营利机构等各类科研主体提供平等的机会，在综合权衡技术方案、以往绩效、科研能力、组织保障等因素后，择优确定承研单位。作为美国国防科技创新重要引擎的 DARPA 从征集方案开始，通过广泛发布信息，鼓励各方广泛参与，在充分吸纳、比较择优的基础上，就一个研究主题选择多个团队竞争开展研究。2015 年 12 月底，DARPA 公布其官网的年度网页访问量达到近 2 000 万次，YouTube 视频网站的相关视频点击量达 800 多万次，Twitter 账号累计得到超过 7 000 万关注，Facebook 账号获得近 1 900 万关注，DARPA 充分、公开的信息发布工作使其广受社会关注，同时也吸引了全世界的科研团队参与其组织的研究工作当中。

（三）设置国际性科技计划和全球性办事处，开展全球范围竞争

为了利用世界各地的科技成果，美国国防部和三军实施了国际性科技计划，如国防部实施国外比较试验计划（The Foreign Comparative Testing Program），在全球范围内寻找相关的成熟技术，对这些技术进行比较试验和技术评估，将合适的技术转化应用于美国装备中，以避免国内重复研究，节省装备采办经费。此外，海军研究办公室、陆军研究办公室、空军科学研究办公室分别在欧洲和亚洲设立了办事处，对世界各地有前景的科学技术成果进行调查，并资助其中有潜力的科学技术研发项目。

三、开展灵活多样的科技创新活动，激发社会各界创新活力

近年来，美军通过举办多样化创新活动，广泛借助和吸纳民用领域力量，持续促进国防科技创新发展。

（一）运用先进商业理念推动国防科技创新

2015 年，国防部在硅谷设立的国防创新试验小组，改变国防领域传统合

同管理模式，采用市场化的风险投资机制，借助商业领域的充分竞争和风险投资基金，寻求有潜在创新与突破的领域，最大限度地激发中小企业创新活力。2016年3月，美国国防部宣布成立国防创新咨询委员会，寻求借助商业领域先进经验和理念，推动国防科技创新工作的开展。5月，美国防部宣布在波士顿新区成立国防创新试验小组东部办公区，并于6月具备初步运行能力，进一步拓展该机构的工作范围。美军还以互联网为平台开展“众包”尝试，广泛借助社会力量协同创新，美海军在2015年启动一个名为“孵化”（Hatch）的众包创意平台，作为海军创新网络（NIN）建设的一部分，以众包合同的形式，将相关科研工作分包给更富有创新精神的社会科研力量。

（二）广泛征集创意推动国防科技创新

为广泛吸收新创意新思想，美军通过举办技术研讨会、技术论坛、举办挑战赛等多样化活动，吸收民间科研力量为科技创新提供重要支撑。美国海军多次召开“海军机遇论坛”，在海军小企业创新研究计划的支持下开展，广泛吸收军方、工业部门、小企业、研究机构参加，收集创新性的技术解决方案。美国陆军从2015年11月开始每季度举办一次创新峰会，作为陆军创新活动的核心部分，其内容聚焦于甄别创新障碍并开发概念以突破障碍。创新峰会已成为陆军高层领导对外交流的重要媒介，寻求发现完善解决方案的新机会，增强陆军创新能力。

此外，DARPA也通过举办各类竞赛，征集和发现最新倡议。继无人驾驶汽车大奖赛之后，DARPA举办了各类比赛，如机器人挑战赛、网络挑战赛等，发现更多新创意和新技术，推进高新技术研发和创新。

（三）创新商业化管理模式加速技术转移

2015年，美国国防部与亚利桑那州立大学合作，发起了国防部“熔炉”项目。该计划创新了技术项目管理模式，选择有意愿参与国防部技术转移的创新型公司，针对一项技术，形成一个管理团队，帮助国防部实施技术管理运作。首批“熔炉”项目选取14家创新公司，其中，美海军空间与海上作战系统司令部与所在地的企业、高科技公司实施了紧密合作，由企业提交商业化建议，海军再根据各企业提出的商业化建议进行评估并择优选用，胜出者将参加为期7个月的“熔炉”加速计划，通过创新公司专业化的运作手段，加速海军技术向作战部门或商业部门转移。2016年4月，陆军研究实验室透露正在美国西海岸建立办公室，寻求将商业领域的先进成果快速整合到军事领域。

（四）搭建平台促进国防创新交流合作

为充分调动科研资源，美军通过构建多个平台，有效促进国防部各部门、各军种实验室、相关政府部门、地方高校及工业界等机构间的交流、了解与互动。2015 年 5 月，美国防部举办了首届国防部实验室日，向国防部高级官员、项目主管、国会议员等，介绍了国防部实验室的研究项目和有关技术转移的成功实例，并展示了超过 100 个军事技术创新项目，使外界充分了解美军实验室当前的研究重点和技术需求，为美国社会各界参与国防科学研究提供了机会。

四、创建良好的科技资源保障条件，提高国防科技资源利用效率

（一）对国防科技活动提供充足的经费资源

多年来，美国保持对国防科学技术研究的稳定投入，并通过实施“大学研究设备资助计划”等，资助从事国防基础研究的大学，用于购买 5 万美元以上的大型研究设备，以改善大学基础研究条件。此外，美军通过多学科大学研究倡议，资助仿生学、致密能源、纳米技术等跨学科研究领域，研究周期一般为 3～5 年，每年资助金额为 50 万～100 万美元，为周期长、见效慢的基础研究提供充足的经费支持。

（二）整合军民科技基础设施资源

在科研基础设施利用方面，美国通过征用、租赁、代管等手段，对大学和军内研究实验室的大型科研设施进行整合，实现互相开放，军民共用，大大提高了军内外科研设施的利用效率。如美国空军设立的全球网络空间创新中心，与政府、企业界和学术界建立了联盟，对各方面的网络基础设施实施整合共享，为美国网络空间领域的研发工作提供了有力保障。

（三）汇集顶尖科技人才资源

美军打造世界领先水平的国防科技体系需要世界顶尖的人才。美军以高技术人才移民优惠政策吸引国外顶尖科技人才；DARPA 设立青年才能奖励等计划，在关键领域培养和吸引高水平的科学家、工程师和数学家；设立计算机科学研究团队，面向研究人员进行研究资助，发掘和培养科技领军型人才。

五、有效发挥专家咨询组织的作用，不断提升国防科技创新水平

美国专家咨询组织很多，既有国防科学委员会、空军科技咨询委员会、国家研究委员会等常设性专家组织，也有为某项重要研究任务而临时成立的专家咨询组织，如美国空间探索政策执行委员会等。专家咨询组织在思想创意、科技战略规划、项目过程管理、科技绩效评估等领域，发挥着不可或缺的决策咨询和技术把关作用。

（一）向全社会征集并提出创新思想和创新提案

专家咨询组织采取听证会讨论、网上征集、实地调研、问卷调研等方式，汇集社会各界创新思想和创新性提案。如美国空间探索政策执行委员会在美

国空间科技未来发展咨询研究中，除大量调查研究外，还举行了5场电视听证会，听取了学术界、工业界、政府机构、国际空间机构以及专业协会共96人的证词，并在互联网站上公开搜集各类创新意见，点击率超过600万次，广泛地征集到各类新思想、新设想，为空间科技未来发展提供重要参考和依据。

（二）支撑国防科技战略和规划计划编制

美军在国防科技战略和规划计划编制过程中，要依靠多个专家组织，如支撑《基础研究规划》的10个基础研究小组，支撑《国防技术领域规划》的11个技术领域小组，支撑《联合作战科学技术规划》的12个联合能力目标小组，以及负责综合性评审的技术领域审查和评估小组（下设19个评估小组），2/3以上成员来自国防部以外，上述各类专家咨询组织深度参与国防科技战略和规划计划制定和评审，将各方面有前沿创新项目纳入国防科技规划计划中。

（三）参与国防科技项目实施过程技术把关

例如，对于国防科技基础研究项目，美军每半年要对相关项目进行抽查，每年要对所有项目进行检查，要求大学研究项目课题组提供研究进展报告，以及相关研究论文和装置图片等附件。美军组织军内外同行专家，组建一个专家评估小组，按照事先规定好的一系列评估指标体系和标准，对项目研究进展、研究成果、质量、技术转化等情况进行绩效评估。

（四）参与军内研究实验室科研工作绩效评估

例如，国家研究委员会每两年对陆军研究实验室实施绩效评估，主要评估实验室承担的国防科技研发项目质量（包括研究进展、研究成果、知识产权等）、研究人员资质、研究工作环境、基础设施和设备仪器、组织管理情况、与其他科研单位的协作等，提出绩效评估报告，为军内研究实验室提供绩效改进建议，促进军内研究实验室科研水平持续提升，此外，多数评估报告会公开出版，将影响国会和国防部相关政策和管理决策，对军内研究实验室起到监管作用。

案例2：美国科技资源服务共享在国家实验室中的运用及启示

美国国家实验室是由规模较大、研究实力雄厚的国际级实验室构成，由政府多个部门资助和管理的国家级科研机构，与高等学校、企业共同构成的科技资源共享开发体系，是美国研发创新体系中的关键技术环节，是保证美国科技事业领先的一个重要基础，美国国家实验室强调实验室资源的高效使用，多种形式促进实验室资源的对外共享，其建设和管理主要有以下特点。

（1）体现国家意愿。服务并服从于国家整体战略目标，从事重大基础性共性技术和知识的研究和管理。

（2）汇聚大量高端的科技资源。国家实验室设备设施先进完善，学科覆盖面广，专业能力强，学科交叉综合优势明显。

（3）运行管理开放共享。国家实验室除了极少数涉密的，都对社会公众开放，提高了实验室重要资源的公开与公用，有利于不同的科技研究机构与科技人员充分利用实验室资源，开展更多层面的交流与合作，共享实验成果。

二、英国的科技资源共享服务建设

《英国 2004—2014 年科学与创新投入框架》中指出，要加强公共资助机构对经济需求和公共服务的反馈能力，改善大学和研究机构的知识转移和产业化的能力；鼓励企业增加研发投入，把企业与科学研究中心的互动交流作为创新和新思想、新人才来源的主要途径；发挥科技中介机构在技术服务体系中的科技资源优化配置、共享共用和科技成果快速转移的重要作用，这些中介机构不仅有政府背景的，还有许多公共性质的机构或者企业也在积极建立科技中介，承担起咨询、转移转化等科技中介服务工作。政府构建的中介机构体系主要有以下特点。

（1）推进各类公共的科技资源的融合。督促科研机构等科技资源单位与政府、企业甚至金融机构的合作与联合开发，资源单位共同执行具体的科技资源共享的政策，制定技术共用的标准，进行科技咨询、成果转移转化等等，帮助国家在重大政策和工程中发挥重要的咨询、决策影响功能，发挥科技中介的功能。

（2）积极发展私有的科技型中介公司。这些公司成为中介资源的重要补充，主要针对一些不必要动用政府的大资源来解决的企业技术需求，这些公司规模大小不一，其中大部分为几十人的小公司，能够为企业提供量身定制的科技资源服务，帮助小公司解决各类技术、资源方面的难题。

（3）制定有中介组织参加的法拉第合作计划。相比较而言，我国的科技中介机构尚处于发展时期，在数量上和质量上都无法发挥真正的作用，因此发展多类型、多层次的科技中介服务机构是一种非常值得我们学习和借鉴的方法。

三、德国科技资源共享服务平台的建设

德国是一个联邦制国家，在遵守联邦宪法的前提下各州享有很大的自主

权。德国宪法也明确规定了“科学自治原则”。然而，德国却基于其奉行的社会市场经济制度建立了集中协调型科技体制。从科研布局上看，德国科研机构呈金字塔形排列，从上到下依次为：大型研究中心（相当于美国的国家实验室）主要从事跨学科、长周期、需要大型科研装备的尖端技术和“大科学”研究，是围绕大型实验设备形成的全国性研究中心；高等院校、马普学会等主要从事创新导向型基础研究；而工业企业和私人研究机构主要从事产品导向型应用研究。这种配置的科研体系，堪称分工明确、成龙配套、运转自如、相辅相成。与此科研体系相适应，德国还建立了较为合理的科技管理体制。

联邦政府主要为大型研究中心（提供其 90%的科研经费）、高等院校（通过德意志研究联合会以项目的方式提供支持，并承担大学约 50%的基建投资）、马普学会、弗朗霍夫学会（约有 1/3 的经费由联邦政府和所在地州政府提供）提供支持。州政府则主要为高等院校（负责大学的工资、行政费用和另外 50%的基建投资）、马普学会及弗朗霍夫学会提供资金。其中联邦教育与研究部（简称“联邦教研部”）是德国政府科技宏观管理部门，它的前身是 1994 年由“联邦教育、科学部”和“联邦研究、技术部”合并后组成的“联邦教育、科学、研究、技术部”。其主要任务是：制定科技政策；协调联邦各部门及各州的科技活动；制定并组织实施科技规划；指导科研机构的科研工作；制定有关教育的法令与政策；负责科学与教育事业的国际合作与交流。其在科研方面的任务是：促进基础研究；促进环保、能源、天气、生态、卫生、海洋、交通、航天等领域的研究与开发；促进生物技术、信息技术、新材料、激光技术等高技术领域的研究与开发；促进国际科技合作。除政府部门外，成立于 1951 年的德意志研究联合会（DFG）也是一个重要的科技管理部门，它类似于美国的国家科学基金会。其经费的 99%由联邦政府和州政府提供，代替政府进行部分科研项目的审查和经费分配，其早期的活动着重基础研究，后来也扩大到应用研究，它是一个法人机构，但由科学界自主管理。其成员包括高等院校、马普学会、费朗霍夫协会、大型研究中心等。其资助的对象主要是大学的研究开发机构。

根据法律规定，德国的科研机构享有最大限度的自治权，州政府和联邦政府对科学、技术和教育事业的发展承担同样的义务。联邦德国这种分散的科技体制有它的优点和缺点。优点是这种体制比较灵活，可以调动地方的积极性。缺点是多元化的体制不利于政策的协调，也不利于科技体制的统一。研究机构过分强调“科学自治”，加之社会市场经济制度利润因素的刺激，易使研究开发活动更多地带有功利色彩，实用主义亦将影响研究工作向纵深发展。德国在科技资源共享服务值得学习的主要优点如下。

（1）重视科技投入。

联邦政府 2006 年 2 月决定，在 2006—2009 年，追加研发经费 60 亿欧元。其中 40 亿用于德国的优势研发领域和极富应用前景的尖端技术领域。这 60 亿欧元研发经费的总体协调由联邦教研部负责。这个 60 亿欧元研发计划有三个重点：一是资助尖端技术和横断技术领域的研发，如信息技术、生物技术、纳米技术、航天技术，以及这些技术成果向能源、安全、环保和健康等应用领域的转化；二是促进中小企业技术创新能力的提高；三是提高德国高校和独立科研机构的科研能力。具体分配如下：2006 年，追加 7 亿欧元；2007 年追加 13 亿欧元；2008 年追加 18 亿欧元；2009 年追加约 2 亿欧元。

（2）重视科技人力资源的开发与培养。

联邦政府的第一步投资计划是“未来教育和辅导”，在 2003—2007 年，将 40 亿欧元用于建设和扩建全日制学校，以促进个性化的天赋发展。到 2015 年，德国对具有大学毕业学历的高素质的劳动力的需求将增加大约 100 万。经济合作组织国家的大学平均入学率为 46%，德国已从 1998 年的 27.7%提高到了 2003 年的 35.7%，其最终目标是至少要提高到 40%，缩短学习时间，降低辍学率。

面对国际人才竞争趋势，德国政府制定了科技人才国际计划，并提供 9 000 万欧元的专门经费，以吸引世界各国高级科技人才来德工作。其中的一个“绿卡”计划就是专门用于引进计算机人才，政府要求企业对引进的该类人才提供每年不低于 5 万欧元工资。马普学会 1 万多个雇员中，约有客籍教授 4 000 多人。他们认为，有个好的项目负责人是科学研究取得成功的一个重要前提和条件。协会现任的 263 个所长中，约有 25%是从世界各国聘任的一流的科学家，大大提高了协会的科学研究水平。联邦政府和科学研究机构采取措施，鼓励人才流动。采用灵活的绩效奖励办法或弹性工作时间，对于教授的薪水采用按绩效付工资的方法，努力为那些想在科学界和经济界之间流动的科学家消除障碍。

德国政府认识到：德国除了需要坚实的宽口径的高等教育，还需要具有世界影响的尖端大学，使德国在国际上对大学生和研究人员更有吸引力。并且认为，德国的大学必须使自己有能力与世界承认的尖端大学，如苏黎世工业大学、斯坦福或牛津大学，在研究和教学方面进行竞争。联邦政府和各州政府已经达成一致，共同在三个方面进行资助：在各大学有特色学科的基础上使大学从体制上向尖端大学继续发展；创建卓越中心（Exzellenzzen-trum），以增强大学和大学以外研究界的联系；建立研究生院，促进年轻科学人才的成长。

（3）建设方向明确的科技基础设施与条件平台。

德国政府对投资基础研究大型设备方向明确。德国政府十分重视信息基础设施建设。2006 年 3 月，欧洲计算速度最快的超级计算机 JUBL 在德国投入运行。JUBL 采用并行计算方式，计算速度为每秒 46 万亿次。联邦教研部通过机构资助的方式资助了这台超级计算机的购置、安装和调试。这台超级计算机投入运行，将推动德国材料技术、生物信息技术、纳米技术和环境技术的研究。目前，德国在信息技术及基础设施方面继续保持领先地位，包括从 2000 年起实现与国际互联网的无线联网，至 2005 年发展新型宽带移动通信，为用户提供全天候、全方位多媒体服务；至 2005 年年发展光学网，至 2010 年实现每户都拥有光纤接口。

（4）促进技术的合作研究。

德国为了促进技术的合作研究，先后制定了的“创新网络计划”和“主题研究计划”，鼓励科技资源拥有单位将自己的资源面向中小型企业开放，使得最新的科技资源和成果能快速被中小企业所获得和利用，有利于资源单位的成果转化，主要有以下特点：① 支持由企业和公共研究机构组成的联合体。这些主题研究机构，由科技资源单位联合其他资源单位共同申请，这种联合包括公共研发机构以及企业，是产学研结合的一种典型，其无论从规模、时间跨度，还是从空间覆盖范围来说，都是德国的一项关键的创新计划，确保后续产业化过程中“德国制造”的品牌优势。② 弥补高溢出性、不确定性以及市场失灵。这项计划的主要目标是弥补由于私人研发投资的高溢出性、不确定性以及研发合作中较高的交易成本而导致的市场失灵。高溢出性主要通过研发补贴来解决，不确定性主要通过在计划设计过程中进行技术预测来确定未来技术路径加以解决，而合作研究较高的交易成本也主要通过对合作研究进行补贴来解决。③ 具有高度的灵活性。电子化招标减少了实施成本，外部专家的参与增加了计划的用户需求导向，可以灵活地合并额外计划，计划能满足特定主题领域内的需要，计划确保了资源能向关键性领域集中。

四、日本的科技资源共享服务平台建设

第二次世界大战结束后，日本从废墟中迅速崛起，在较短时间内，从准工业国一跃发展成为世界性工业强国。在其工业化赶超过程中，日本通过较合理地配置科技资源，加速推动了科学技术发展，促进和带动了经济乃至综合国力提升，在科技资源配置方面积累了一定经验，值得我们借鉴。为落实

“科学技术创造立国”战略，日本政府于1996年首次启动“科学技术基本计划”（下称“基本计划”），旨在指导和引导政府部门和社会各界的科技资源配置、科技政策管理和科研活动组织。2001年，隶属于首相的科技事务最高咨询和审议机构—综合科学技术委员会（CSTP）成立后，基本计划改由该委员会负责制定。基本计划为5年计划，第一期于1996—2000年正式实施，日本政府共投资17.6万亿日元，比原计划增加6 000亿日元，其目标为改善日本科技活动环境，提高研发能力，促进科技成果顺利向社会转化。基本计划的实施有效促进形成了竞争性、流动性研发环境，并让日本在生物医学等基础研究领域及部分全新科学领域取得世界级高水平研究成果，其中，白川英树还因对导电高分子的研究获得诺贝尔化学奖。

在“基本计划”的指导下，相关政府部门和科研机构制定与本业务领域的科技规划或是具体计划。如，文部科学省负责制定情报、生命科学、环境能源、纳米、物质和材料、量子、核融合、核技术、空间技术、海洋技术、南极地区观测、地震防灾研究、人道主义科学技术等十三大领域的计划；内阁府负责日本国家重点科研计划——创新性研究开发推进计划（简称ImPACT计划）的管理；防卫省负责与国防科技相关的计划制定和项目管理。一直以来，日本认为其自然资源贫瘠，因此将人才作为最大的财富，高技术人才更是关键所在。为此，日本高度重视科技人才的培养，据统计，自进入21世纪以来，日本有二十余人获得诺贝尔科学奖，人数仅次于美国。日本在科技资源共享服务值得学习的主要优点如下。

（1）加强顶层规划，确保培养科技人才。

作为指导日本科研工作的规划性文件，日本“第三期基本计划”（2006—2010年）中，明确以“人才培养”“确保多样化优秀科技人才”为主要目标，并鼓励跨部门人才流动，以免造成思想僵化、知识固化；增加女性科研人员数量，应对日本“老龄少子化”问题；增加外国研究人员数量，充分利用国外先进科技人才。在“第五期基本计划”中还提出“以培养青年人才，并发挥其活力、推进大学改革，完善大学职能为中心，从根本上强化科技创新的基础实力”，并提出了“2020年前，力争在增加日本科技论文发表总量的同时，在世界被引频次排名前10%的论文中，日本科技论文数量占比达10%”的目标。

（2）确保充足经费，鼓励科技人员科研活动。

文部科学省的“科学研究费助成事业”，是面向日本科研人员，内容涵盖从人文科学、社会科学到自然科学的全学科领域，资助开展“基于研究人员自由创造”“学术研究”的重要计划。该项研究经费占日本政府竞争性资金的 50%以上，2015 年经费高达 2 318 亿日元，每年共开展约 7 万余项研究。此外，值得一提的是，日本还通过 ImPACT 计划，为研究和管理能力突出的人才提供试验其创意的机会，加大不惧失败、敢于挑战的人才培养力度。

（3）营造良好氛围，加强青年科研人员培养。

一方面，规划青年研究人员的职业发展道路，如对大学高级研究人员采用年薪制，增加面向青年研究人员的终身制岗位，并计划在 2020 年前增加 10%（约 4.4 万人）的 40 岁以下大学青年教员，使得青年教员数量占比达 30%以上。另一方面，设立专项计划，资助青年科研人员，如文部科学省通过其下属的日本学术振兴会的“特别研究员事业”等，专门资助青年科研人员；内阁府还实施了“最尖端下一代研究开发支援计划”（NEXT），以青年和女性科学家为资助对象。

（4）推进国际共同研究，打造世界级优秀人才。

文部科学省专门通过“研究基地建设事业”等，推动日本国内大学与国外大学的合作。除此以外，文部科学省还推出“旨在产出世界顶级成果的 10 大计划”，通过日本国内外研究机构联合参加的方式，培养人才。如 2015 年启动的“SINET 计划”就吸引了含国外研究机构在内的 800 家单位和研究人员参与。

（5）建立“产、官、学”规范化制度体系，确保科技开发和成果应用互补互动。

第二次世界大战后，日本政府通过出台一系列政策，推动政府部门、产业界和学术界有机互动、有机结合，建立起互相依存、协调运作的研发体系。其中，包括 1998 年出台的《促进大学、高等专业学校、国家实验研究机构等技术研究成果向民间企业转移的法律》、防卫省委托地方开展军事技术研究的“委托研究制度”等。在该体系下，政府部门制定政策，引导科技研发大方向，大学则发挥作为基础科研基地作用，产业界科研机构一方面利用大学科研成果，并结合其开展的应用研究，推动企业的技术革新和技术革命。

（6）设立各类中介机构，从管理机制上促进成果转化。

日本拥有众多民间工业行业协会，如日本经济团体联合会、防卫装备工业会、航空宇宙工业会、造船工业会等。这些协会由各类军工企业组成，作为防卫省和民间企业的桥梁，主要负责为军方决策提供技术咨询，并指导民间企业参与装备科研生产。如，经济团体联合会主要由日本各大企业董事长或总经理组成，对日本政治、经济决策有举足轻重的影响，其提交的不断强化“对先进技术的扶持”，并“在军民两用领域提高科学技术应用的灵活性”

等多项建议被日本政府采纳。

（7）建立信息发布交流机制，从平台建设上加快成果转化。

信息公开、打破信息壁垒是充分利用社会资源、促进军民双向转化效益最大化的重要手段。日本防卫省十分注重通过建立统一的军民信息交流平台和顺畅的信息交流机制，实现军民成果间的顺利转化。防卫省通过网站公开发布装备研制和采办信息，建有“采办信息中心”等机构，装备设施厅的采办信息网，向社会公布招标书，内容包括相关装备研制和采办需求信息，为民间企业获取装备科研生产信息提供公开途径。

（8）大力发展两用技术，从技术层面促进成果转化。

在日本防卫省近期出台的《防卫技术战略》中，其将“技术向交叉融合与军民通用方向发展”视为“制定技术政策需要关注的重大问题”。为此，日本防卫省十分注重通过合同等方式，大力发展军民两用技术，如日本防卫装备厅就将军民两用技术应用于军用无人机传感器研发中。

（9）改革标准制度，降低技术民转军门槛。

日本认为，采用先进适用的民用标准是克服军民技术转移障碍的重要手段。近年，日本防卫省将“优先采用民用标准”作为基本政策，大量修改或废止军事技术标准及技术规范，2007 年就废止了防卫省 187 项规格，占该年总量的 35.4%，同时积极采用先进适用的民用标准。目前，日本工业标准（JIS）有 1 万项左右，为日本国家标准中最重要、最权威的标准，已被广泛应用到装备建设领域中，以提高装备生产专业化协作水平。

（10）关键核心技术的共用共享。

日本虽然技术能力较强，但科技资源相对比较缺乏，因此更加重视将科技资源的使用效率最大限度地发挥，在科技资源的共用共享模式上进行了更多的探索，其中由政府推动企业与公共科研院所合作成立“技术研究组合”，共同研发实用化的关键核心技术的共用共享模式比较典型，这是日本产学研合作赶超其他发达国家技术创新的重要模式，曾引起了国际社会的广泛关注。具有以下的一些特点：①力量集中。技术研究组合，是政府重点选择的，面向重点领域内技术难题和共性需求的有效途径，集中各领域的技术资源，解决重点行业领域的关键性技术研发和创新。②政府支持力度大。政府以政策和资金支持推进研究开发的进展，有专门的制度和机构保证技术研究组合的顺利运行，资金支持力度都比较大，最高可以达到投入的 50%。③组织架构明确。技术研究组合组织架构清晰，研发目标明确、研究经费投入及时、组织协调高效。

案例 3：日本科技资源服务共享在科研设施共享中的运用及启示

日本政府认为，研究设施和设备是支撑从基础研究到前沿创新不可或缺的关键所在。因此，文部科学省等科技主管部门高度重视完善科研基础和共用科研设施。

一、内阁府统筹科技资源分配，着力打造世界领先的基础设施

根据内阁府科技预算显示，“建设世界领先的下一代基础设施”一直是日本科技财政投入的五大项工作之一（含灾后重建），2015 年，该项经费占总预算额的 22%。“建设世界领先的下一代基础设施”涵盖三项内容：①确保基础设施安全安心，如总务省开展的旨在实现智能基础设施管理的信息通信基础建设、文部科学省的结构材料研究基地建设和利用光、量子进行非破坏性基础设施诊断技术研究等。②强化可恢复性的防灾减灾能力，如内阁府实施的综合防灾信息系统、文部科学省的大型三维震动破坏试验设施等。③通过建设下一代基础设施，打造新型城市。如经济产业省的建设利用大数据实现产业创新的基础；国土交通省的利用信息通信技术，建立下一代快速道路交通系统（ITS）。

二、出台相关法律法规，要求建设和共享重大科研设施

为避免研究设施的重复建设，并最大化发挥先进研究设施的作用，早在 1994 年，日本政府就出台了《促进特定尖端大型研究设施共用的法律》，明确应采取经费措施等手段，加强特别重要的大型研究设施建设以及共享共用。如 X 射线自由电子激光设施（SACLA）、高速电子计算机设施（超级计算机“京”）等。但该法规定，利用上述设施的单位或人员，必须满足一定条件，并须提交申请，由第三方机构审核注册成功后，方可使用。

三、设立专项计划，促进公共资助研究成果的共享共用

为促进除特定尖端大型研究设施以外设施的共用，文部科学省专门设立了“共用平台建设支援计划”，以竞争性经费的方式，支持大学、国有研究所等设施设备的共建共享共用。除此以外，文部科学省还通过导入新型设施共用系统，搭建产业界、政府部门、研究机构、院校共用的设施平台。

四、推进建设联合研究基地，谋求技术领域的交叉变革

近年，文部科学省还新设立“具有特色的联合研究基地建设——启动援助”计划，专门支持具有研究潜力的研究所，通过与本专业领域外的研究人员开展设施共用和联合研究，提升该领域的整体研究水平，并通过技术的融合，创新出新的学科门类，进而有助于实现日本学术研究能力的整体提升。

第三节　国外科技资源共享服务平台的运行模式总结

一、政府支持模式

（1）直接资助方式。

由政府直接出资，或成立一批技术服务平台，或对民间技术服务平台进行资助。这种方式在美国比较普遍，也是中国现行方式。其特点是：平台面向企业需求，利用自身的科技资源和技术，为企业提供共性技术支持，并参与到新型技术的产业化过程，政府为企业与科研机构提供政策和资金支持，明确设备所有权，推进设备升级换代，形成有政府背景的服务机构、中间性质的协会型组织和企业型的技术服务机构三个层面共同构成的国家的科技资源服务体系。

（2）政府主导模式。

在一些重要的产业领域，需要政府的力量加以推进，例如美国的大型国家实验室、韩国的文化产业振兴院、欧洲的产业推进机构等等，这些政府背景的机构，一般由政府全额投资建设，其运行和服务由政府所规定，并且具有一定的自主性。政府主导型模式既具有集中力量、全面统筹的优势，又有相当的局限性：一方面，财政资金的有限性决定了政府不可能对所有类型的合作项目都给予全力支持，所以政府主要在涉及国家安全的战略技术领域发挥主导作用；另一方面，政府主导的技术开发和资源建设，往往是周期比较长、见效比较慢的产业领域。

（3）政府引导模式。

政府引导模式是发挥政府推进效力，让产业、科研机构和大学主动合作，政府发挥在科技资源建设和服务中的引导作用，给予支持和绩效评价推进科技资源有效共享。根据技术开发的主导对象有几种类型：一是产业技术创新战略联盟，例如德国的主题研发计划；二是资助产学研合作的网络，例如德国的促进创新网络计划；三是对研发基地的支持，例如美国的工程研究中心的建设；四是以促进人员的流动和共享为重要的目的，例如瑞典的知识交换计划；五是对创新创业环境建设进行引导，例如英国的剑桥工业园。

二、间接支持方式

随着经济发展，各国政府在促进技术交流和知识转移中的角色，逐渐由宏观引导主体变为营造环境和辅助服务为主的引导者。

（1）明确知识产权。

知识产权制度是鼓励研发、加速知识转移的社会基础，只有明确科研成果的产权归属，才能使得各科研机构获得研发投入的动力，各发达国家已形成了比较健全的知识产权保护系统。

（2）规范管理。

不管是对科研单位，还是对参与对外服务的科技型企业，政府不仅投入资金进行支持和引导，还及时出台支持性的政策，对各种类型的科技资源服务进行规范化管理，引导更多的社会资源参与到科技资源服务的队伍中来。

（3）法规推进。

通过立法和规章，强制要求信息共享和增加科研投入，使主动性不强、对政府的直接激励不敏感的科研主体也被动地进行科技资源的分享和转移，还对特殊科技资源制定特定法律区别对待，增加资源的使用效率。

（4）财政调控。

国家的政府在财政支持下，将本区域内的重要科技文献资源集中开发，建立科技文献资源共享机构，为技术平台或科研主体提供附加的辅助服务，与技术平台共同作用，促进技术平台的运作效率。此外，还通过减免税收、快速折旧等方式，降低科技资源单位对科技资源的保存和使用成本，促进科技资源公开共享。

（5）市场自发模式。

市场让科技资源和科技资源的需求者自发的联合在一起，研究机构、产业技术联盟等更深层次的市场自发型合作日益增多。在这种模式中，科技资源的拥有方，会主动将自己的资源公开共享，以取得一定的报酬，同时提高自身的技术升级,而科技资源的需求方则需要这些单位提供的科技资源服务，政府通过政策发挥市场调节功能，形成一种稳定有效的产学研合作模式，推动科技资源服务业的进步。

三、国外科技资源共享服务平台的模式特征

目前，结合我国现实国情和国家自主创新战略，国家和地方有关服务平台政策纷纷出台，积极借鉴、吸取发达国家的相关经验和教训，对于我国进一步厘清政府在推进产学研合作创新进程中的基本思路，完善相关的政策措施，健全运行机制和组织模式，都具有重要意义。基于各国经验分析，我们总结出科技资源共享服务平台运行的模式特征。

（1）基于第三方控制的虚拟或实体机构运营。

科技资源共享服务平台的有效运行依赖于三方的共同合作，通过建立合理的协作机制和交易机制是三方合作成功的关键所在。

（2）存在项目制和补贴制交易机制。

项目制是通过项目资金投入的形式来建设，缺点是项目完成后，运行常常被忽视。补贴制是指企业在市场上发布一个创新任务，由解决任务的单位完成之后对其进行资助。

（3）包括创新外包与合作创新两种模式。

创新外包，是将科技资源的服务外包给别的单位来承担，通过签订服务合同或者委托合同，给予承担单位一定的资金报酬。其缺点是具有短时性，企业自己的技术能力没有提升。合作创新由多方参与，共同完成技术开发的任务，这种模式的合作各方都会参与其中，对工作进度能有效控制，节约投资者的成本，属于长期合作的模式。

第三章 长三角地区科技资源共享服务平台经验概述

第一节　科技创新券的使用经验

长三角区域区位优势明显，科技资源配置丰富，产业集聚，上下游对接便捷，科技创新券政策在长三角范围通用通兑具有较强的可操作性。上海不仅已经在资源输出（即外地企业通过使用当地的科技创新券获得上海的科技资源服务）上做了大量的探索工作，据悉，正在制定的《上海科技创新券管理办法》中也将明确上海科技创新券可打破地域限制，用来购买与上海实现通用的其他省市的科技创新服务。另外，在 2017 年浙江省发布的创新券管理办法中，也明确了可以使用外地科技资源服务。

上海科技创新资源数据中心按照上海建设全球有影响力的科技创新中心的总体要求，聚焦科技服务产业发展需求，通过大数据、云计算、互联网+等技术手段，整合集成科技人才、仪器设施、检验检测、科技文献、专利成果、科学数据等科技资源和服务大数据，在采集、汇聚全市科技资源和服务大数据的基础上，实现科技数据的加工、存储、挖掘、分析、共享和服务，从而促进科技资源科学统筹配置，转变政府职能，促进科技资源共享利用，提高服务水平，提高全社会创新服务效率，推动科技研发服务产业的快速发展。

上海多年来持续推进各类研发机构、大型科学仪器加盟上海研发公共服务平台，打造了多元化创新资源体系，为科技券的实施提供了坚实的资源保障和支撑。许多研发机构技术力量雄厚，在国内该行业领域处于领先水平，大型科学仪器也多为先进、高端的科研仪器，包括上海光源这样价值超过 14 亿元的重大科学装备。截至 2016 年年底，研发平台汇集了各类加盟机构 1 412

家，其中包括国家级研发基地 63 家、国家级检测中心 34 家、市级重点实验室 117 家、工程技术研究中心 247 家、专业技术服务平台 152 家，各类服务项目 41.45 万项；研发平台加盟 30 万元以上大型科学仪器数量达到 9 349 台（套），总价值 118 亿元。截至 2018 年 4 月，可通过科技券提供服务的机构有 852 家，大型科学仪器 8 912 台（套），服务项目 1 832 项。

为有效促进上海优质创新资源的区域辐射效应，上海研发公共服务平台积极整合集成了上海及长三角地区的研发资源，通过设立服务驿站与科技服务中心，特别是通过科技创新券的合作，促进创新服务与研发需求的跨区域对接。2016 年，研发平台与江苏、浙江两省部分科技创新需求旺盛的地区开展了科技券互联互通的探索和尝试。目前，上海已与江苏苏州（含昆山）、宿迁、浙江嘉兴（含海宁、平湖）、长兴等地开展了科技券互联互通的探索和尝试，上述地区的企业可利用当地的创新券，使用上海研发平台的高端科研仪器设备和研发技术服务。如苏州地区的中小企业使用了加盟研发平台的大型仪器设施并发生费用的，可享受苏州市科技局 30%使用经费的补贴。2016 年，上海的 41 家实验室的 251 台大型仪器为 591 家苏州企业提供了 6 152 次服务，涉及样品 16 354 个，服务金额 712 万元。

通过创新券的带动，上海一批服务机构发现了长三角巨大的研发需求和科技服务商机，而外省市也借助政策为当地提供了有力的研发服务支撑体系。

一、上海与浙江长兴县

2013 年 10 月，浙江长兴县与上海研发公共服务平台合作，联合发布《长兴县科技创新券实施管理办法（试行）》和《上海研发公共服务平台加盟服务机构接受和兑现长兴县科技创新券的实施细则（试行）》，开展创新券跨区域试点工作，首创国内跨区域流通科技创新券。通过政府发券扶持企业，企业凭券共享上海资源，上海服务机构接券提供服务，政府按券给予补助。这一合作充分利用了上海高端科研机构资源和大型科学仪器设施，解决了长兴本地中小企业创新资源不足等问题。

长兴县科技创新券为纸质券，每券面额为 1 000 元，首批发放科技创新券 500 万元。上海研发公共服务平台专门为长兴县设立分中心——长兴县科技券专题平台，为当地企业的科研需求开辟了“绿色通道”，现已组织服务机构（签约）52 家，服务项目 600 余项。长兴县与上海研发平台的合作，成为国内首例跨区域的“科技创新券”实践。

为进一步推广应用科技创新券，2015 年，长兴县又研究制定了科技券实施管理办法和科技券使用及兑现实施细则，将科技创新券分为申请类创新券和奖补类创新券，将大型科学仪器设备共享使用、租用、文献检索查新、产学研合作、产品标准制定、工业设计、企业高层次科技人才引进、研发设备及配套软件购置等科技活动产生的费用都纳入了使用范围。

二、上海与浙江嘉兴市

2017 年 7 月 28 日上午，浙江省全面接轨上海示范区建设大会在嘉兴市召开。会上，上海市科委、浙江省科技厅、嘉兴市政府三方签订了浙沪科技创新券跨区域使用嘉兴试点合作协议，通过科技创新券跨区域试点，上海 780 所高校、院所、第三方实验室等总价值过百亿元的大型科研仪器以及超过 20 万项的检测检验服务将被陆续纳入嘉兴科技创新券补贴范围，助力当地高新技术产业发展。两地合作的达成有力促进了沪嘉科技协同创新，推动创新要素市场、创新成果转化、创新产业转移等无缝对接。

为积极落实三地政府签订的协议内容，由上海市研发公共服务平台管理中心牵头，并于浙江省科技信息研究院、嘉兴市科技局密切协作，开展了具体服务工作。2017 年 10 月，符合嘉兴科技创新券支持范围的 800 多家上海优质研发服务机构，通过“上海科技券服务平台”，正式面向嘉兴市中小企业提供科技创新在线服务，以及相应的查询、咨询、预订、组织协调、线下跟踪等保障服务。截至 2017 年年底，仅 3 个月，嘉兴已有 7 家企业下单跨区域使用上海服务机构资源，技术服务金额 53 万元。

考虑到上海、嘉兴两地现有创新券政策的不同，为解决创新券的跨区域使用问题，上海市科委与浙江省科技厅、嘉兴市政府多次探讨后，决定采用事后补贴的做法，各地补贴各自的企业用户，这样就在政策不突破的情况下，实现了两地科技创新券的“互通”。打通了嘉兴科技创新券在上海的使用通道以后，只要上海服务机构在浙江省科技创新云服务平台上有登记，嘉兴企业即可利用本地科技创新券到上海购买相应机构的科技服务，而上海的服务机构可凭借科技创新券到嘉兴科技部门领取相应的财政奖励。

目前，试点的科技创新券主要适用于检测服务，而嘉兴市本级的券在此基础上还囊括了科技查询、成果转化、专利代理以及中小企业孵化。此次上海与浙江嘉兴的合作作为一个试点，今后还将推广到浙江其他地区，并在长江经济带各省市进行推广，进一步发挥上海科技创新资源的辐射作用。

第二节　长三角区域大型科学仪器协作共用网的使用经验

2006 年，长三角区域的苏浙沪三地签订了《长江三角洲科技资源共享服务平台共建协议书》。基于此协议，长三角地区三省一市的科技厅联合设立长三角科技资源共享服务平台建设工作小组，负责指导和推进各自的大型科学仪器开放共享的管理和服务相关工作。此后，由上海市科委牵头，沪、苏、浙、皖三省一市科技部门共同建立了“长三角区域大型科学仪器协作共用网”（简称“长三角大仪网”），并投入运行。

长三角大仪网由长三角科技资源共享服务平台指导协调小组主办，上海市研发公共服务平台管理中心负责运营维护。网站采用“分布建设、系统整合”的方式建设，各省市按照统一的数据标准和接口要求，整合现有大型科学仪器设备资源和分析测试资源信息，运用信息网络和通信技术在长三角仪器共用信息网上发布；采用先进实用的运行共享模式，保证与长三角仪器共用网连接畅通、响应及时；依据各自的共享管理办法实施仪器设备的跨地区共享及运行服务补贴；规范服务标准，拓展服务渠道，不断提高仪器设备的共享率和使用率，实现区域大型科学仪器设备资源的共享和服务。

截至 2016 年年底，长三角大仪网已集聚区域内的 1 576 家单位的 22 967 台（套）大型科学仪器设施，总价值超过 251.56 亿元人民币。其中，价值在 50 万元以上的仪器设施达 14 170 台（套）。长三角大型科学仪器设备协作共用网还开通了 800 免费服务热线功能，增加专家咨询有问必答功能，强化服务意识，促成仪器拥有者和仪器使用者的互动和对接，充分发挥了长三角大仪网在仪器共享方面的作用。因此，在长三角科技资源开放共享的进一步推动工作中，长三角大仪网现有的 2.7 万余台（套）大型仪器可顺利成为科技资源及服务的优质提供者。

案例 4：长三角一体化合署办公模式

2017 年 12 月，上海市党政代表团赴苏浙皖进行学习考察，同时商谈长三角合作发展，要提升已有的长三角重大专题合作机制的运行质量，建立健全更有力的合作、推进机制；更要通过区域发展规划对接、重大国家战略和改革联动、建立统一开放协同的市场体系等，共同提升长三角作为一个整体的竞争力。2018 年年初，三省一市经过进一步商议，形成许多共识。总的考虑是聚焦五个着力点来共同推进长三角一体化：一是规划对接，二是战略协同，三是专题合作，四是市场统一，五是机制完善。

2018 年 1 月底，长三角区域合作办公室正式挂牌成立，办公地点位于上海市徐汇区武康路的上海市发展和改革委员会培训中心内。办公室目前共有来自上海、浙江、江苏、安徽三省一市的 15 名工作人员，包括发改部门长期负责长三角区域合作事宜的工作人员、交通部门工作人员以及机构专家学者等。

这种合署办公的形式大大加速了长三角各省市间的信息传递与资源互通，对于推进长三角一体化工作以及科技资源开放共享非常有利。目前办公室正着手编制《长三角一体化发展三年行动计划》，初稿即将成形，将聚焦交通、能源、环保、科创等专题领域，该计划将明确今年各省市的工作计划和未来三年的区域发展目标。

2019 年 3 月 13 日下午，上海市研发公共服务平台管理中心（上海市科技人才发展中心）（简称平台中心）与中国科学技术信息研究所（简称中信所）战略合作协议书签订仪式在北京举行。战略合作协议的签署，是助力上海科创中心建设，推进创新驱动发展，落实科技部与上海市部市工作会商会议精神的重要举措。未来五年，上海市科技委与中信所将围绕上海科创中心建设和上海经济社会发展的重大需求，重点深化科学数据、科技数据情报、科技信息共享管理与服务、国家科技管理信息系统等方面的合作交流，充分发挥中信所学术示范指导作用，带动平台中心（人才中心）转型升级、学科发展和队伍建设，促进上海科技创新资源、科学数据、科技人才在更大范围、更广领域、更高层次的提升和发展。

第四章 我国科技资源共享服务平台概述

第一节 我国科技资源共享服务平台的布局分析

在我国的科技资源共享服务平台建设中，最有代表性的是科技基础条件平台和技术创新服务平台的建设。科技基础条件平台和技术创新服务平台都是获得国家认可的，是代表科技资源共享服务平台的子类。科技基础条件是指大型仪器、科技文献、科学数据以及网络科技环境等空间的资源，是基础的科技条件。国家相继出台了许多与之相关的政策规划性文件，包括 2004 年的《2004—2010 年国家科技基础条件平台建设纲要》和《“十一五”国家科技基础条件平台建设实施意见》,《国家中长期科学和技术发展规划纲要（2006—2020）》中列了一个专门的章节进行长远规划指导。随后，各个地方，尤其是较为发达的省市根据本地特色，也相继出台了与之配套的地方性政策规划文件，比如浙江省的科技创新服务平台、深圳市的公共技术服务平台、四川省的四川省科技文献共享服务平台等等。随着平台工作的持续推进，许多地方的平台建设已经远远超出科技基础条件的概念，于是国家开始在技术创新工程中，逐渐引入了技术创新服务平台的概念，并在《国家技术创新工程实施总体方案》中将技术创新服务平台的建设当作六大重点工程之一加以重视，进一步阐述了技术创新服务平台的建设要求，按照“面向产业、需求导向；创新机制、盘活存量；政府引导、多方参与；明确权益、协同发展”的原则进行建设，这一点体现国家对科技资源服务的重视已经从单纯的科技基础条件资源利用效率的提升，变成了以科技资源的整合与服务推动与科技相关的经济产业的发展。

2016 年 7 月，科技部发布《“十三五”国家科技创新规划》（以下简称《规划》)，再次将科技资源开放共享与服务平台建设，尤其是技术创新基地建设纳入我国未来五年科技发展战略。《规划》要求：加强平台建设系统布局，形成涵盖科研仪器、科研设施、科学数据、科技文献、实验材料等的科技资源共享服务平台体系，强化对前沿科学研究、企业技术创新、大众创新创业等的支撑，着力解决科技资源缺乏整体布局、重复建设和闲置浪费等问题。整合和完善科技资源共享服务平台，更好满足科技创新需求。建立健全共享服务平台运行绩效考核、后补助和管理监督机制。深入开展重点科技资源调查，完善国家科技资源数据库建设，强化科技资源挖掘加工、评价鉴定等。面向国家重大需求提供高水平专题服务。建立科技资源信息公开制度，完善科学数据汇交和共享机制，加强科技计划项目成果数据的汇交。聚焦国家战略产业技术领域，建设综合性、集成性，面向全球竞争、开放协同的国家技术创新中心。为加强科技创新基础能力建设，推动我国科技资源的整合共享与高效利用，改变我国科技基础条件建设多头管理、分散投入的状况，减少科技资源低水平重复和浪费，打破科技资源条块分割、部门封闭、信息滞留和数据垄断的格局，“十一五”以来，国家有关部门贯彻“整合、共享、完善、提高”的方针，组织开展了国家科技基础条件平台建设工作。国家科技基础条件平台是国家创新体系的重要组成部分，是服务于全社会科技进步与技术创新的基础支撑体系，主要由大型科学仪器设备和研究实验基地、自然科技资源保存和利用体系、科学数据共享服务中心和网络、科技图书文献资源共享服务网络、科技成果转化公共服务平台、网络科技环境等六大部分。

国家科技基础条件平台由科技部、财政部主管，国家科技基础条件平台中心具体承担国家科技基础条件平台建设发展战略、规范标准、管理方式、运行状况和问题的研究、过程管理以及考核评估和运行监督等工作。按照《关于开展国家科技基础条件平台认定和绩效考核工作的通知》(国科发计〔2011〕318 号）要求，科技部、财政部通过组织专家评审，完成了首批 23 家国家科技基础条件平台认定评审工作，并于 2011 年 11 月 9 日向全社会公布。首批 23 家国家科技基础条件平台包括：

大型科学仪器设备和研究实验基地建设领域（9 家）：国家生态系统观测研究网络、国家材料环境腐蚀野外科学观测研究平台、国家计量基标准（物理部分）资源共享基地、中国应急分析测试平台、北京离子探针中心、国家大型科学仪器中心、国家农作物种质资源平台、国家微生物资源平台、国家标准物质资源共享平台。

自然科技资源共享领域（5 家）：标本资源共享平台、国家实验细胞资源共享平台、水产种质资源平台、国家林木（含竹藤花卉）种质资源平台、家养动物种质资源平台。

科学数据共享领域（6 家）：林业科学数据平台、地球系统科学数据共享平台、人口与健康科学数据共享平台、农业科学数据共享中心、农业科学院农业信息研究所、地震科学数据共享中心、气象科学数据共享中心。

科技图书文献领域（3 家）：科技文献共享平台、国家标准文献共享服务平台、中国数字科技馆。

一、科研仪器共享服务平台

该平台具备公共仪器共享、预约、授权、监控、计费和考核等功能，通过对公共仪器的开放使用进行监管与保护，为新仪器购置提供决策依据，避免仪器闲置和重复购置，使公共实验资源得到充分合理利用，大型仪器共享管理系统通过自动化管理，减轻高校管理者的工作量，实现对知识成果的有效管理。完善科研仪器国家网络管理平台建设，对国家财政购置的各类科研仪器设备进行集约式管理，积极推动面向科研院所、企业及全社会开放共享，为科学研究和创新创业提供支撑保障。

科研设备是科学研究和技术创新的基础条件，科研装备的水平及社会化程度也是衡量一个国家科技发展水平的重要标志。随着社会经济的快速发展和人类步人知识和信息时代，科学和技术自身的发展更加迅速，国家对科研力度的投入逐渐加大，科研设备已不再仅仅是由一些小型的、单件的、分散在较独立科研单位的仪器设备组成，那些数量种类众多、专业化程度更高、价值更加高昂的大型仪器装备或超大型科学仪器群（仪器中心）以及充分利用现代信息技术和网络搭建的大型仪器共享管理系统，已成为科研设备的核心内涵。大型仪器共享管理系统作为应国家政策和高校需求而开发的自动化仪器共享管理系统，为各级科研和教学部门提供及时、准确的大型科学仪器和相关数据，全面翔实的统计信息以及方便灵活的信息查询手段，方便科研管理，简化科研的烦琐流程。具有以下优点：有效解决仪器共享信息缺失、手工管理效率低下、仪器使用计费困难、仪器运行监管不力等诸多弊端，保障实验过程顺畅，合理分配仪器开放时间，降低实验风险，从而提高科研效率，并为管理层提供大型仪器设备效益分析和绩效考核提供数据基础；利用现有仪器资源，实现仪器开放共享，实现开放仪器统筹管理，规范校外用户使用流程；通过循环共享使用，为各机构乃至国家节省了上亿成本，有效提升了各方的经济效益；为科技部、教育部、中科院和地方政府的各级领导提供辅助决策依据，为各机构管理层准确提供大型仪器设备运行的各项真实数据，通过数据深度分析，修正原有不恰当的管理方式，以实现高效的宏观管控，为广大第一线的科研和教学人员提供更完备的服务。

二、设施共享服务平台

充分发挥国家重大科研基础设施、大型科学装置和科研设施、野外科学观测研究站等重要公共科技资源的优势，推动面向科技界开放共享，为相关学科发展提供支撑保障。通过信息化手段将重大科技基础设施的开放共享流程管理、开放数据资源管理、成果产出管理纳入其中，并结合科普宣传，提升设施开放共享的公众影响力，挖掘优质资源，培养潜在用户。通过信息系统与开放共享管理制度的有效融合，在提高开放共享效率的同时，也极大促进开放共享制度的完善，重点开展重点实验室、大科学工程、野外观测台站、大型仪器中心与实验装置、大型科学仪器共享网、分析测试体系和计量基标准等的建设与资源共享。

比如中国科学院的重大科技基础设施共享服务平台，通过信息化手段将中科院所有重大科技基础设施的开放共享流程管理、开放数据资源管理、成果产出管理纳入其中，并结合科普宣传，提升设施开放共享的公众影响力，挖掘优质资源，培养潜在用户。通过信息系统与开放共享管理制度的有效融合，在提高开放共享效率的同时，也极大地促进开放共享制度的完善。

三、数据共享服务平台

加强各类科学数据的整合和质量控制，完善科学数据汇交机制，推动科学数据的汇聚和更新，加工形成专题数据产品，面向国家重大战略需求提供科学数据支撑。数据共享平台依托云数据中心和基础网络设施，通过图形化的配置界面实现分布的、异构的、跨网络各单位信息资源的交换共享，实现统一平台与各部门数据资源的共享。按照平台标准处理后的多方数据集中至中心平台，再以统一标准对外提供数据服务，使数据按一定业务规则成为可复用的信息资源服务。同时以服务总线（ESB）及消息组件（Messaging）支持接入（接出）多通道的消息，使各类消息可以在总线上流转，实现跨行业、跨机构的信息共享，帮助中心平台数据进行综合、全面的分析与监管，及时感知运行状态并做出智能化响应。重点整合、集成各部门、各地方、各单位的科学数据资源，充分利用国际科学数据资源，抢救离散科学数据资源，开发系列数据集和产品，构建面向全社会的网络化、智能化的科学数据管理与共享服务体系。

四、文献共享服务平台

平台以促进信息资源整合为主线，以实现信息资源的共享共建、高效利用为宗旨，不断提升科技信息资源的保障能力和服务水平，为自主创新提供系统性的服务，已成为科技创新的重要基础保障。扩大科技文献信息资源采集范围，建立长期保存制度，建设面向重大科技发展方向的语义知识组织体系，提升科技资源大数据语义揭示、开放关联和知识发现的支撑能力，全面构建适应大数据环境和知识服务需求的国家科技文献信息保障服务体系。平台一般可以实现网络信息自动采编与发布；数据库快速检索与查询；自建数据库的建库与编辑；异构数据库的分布存储、统一检索；用户授权与认证，计费等管理等功能。可开展文献信息浏览、自助检索、在线阅览原文等服务，还将提供在线请求原文、在线委托服务、参考咨询、科技查新、定题跟踪等服务、信息报道、在线培训，文献信息分析、情报调研、发展战略研究、专利分析、项目评估、成果转化、技术交易、科技金融等深层次的情报服务信息服务，盘活各单位原有的科技文献与网络信息资源，建成面向全国的、分布式的科技文献信息联合保障系统，促进信息服务向知识服务的转化，构建国家科技文献资源保障体系和网络服务体系。

五、（种质）资源与实验材料共享服务平台

重点加强实验动物、标准物质、科研试剂、特殊人类遗传资源、基因、细胞、微生物菌种、植物种质、动物种质、岩矿化石标本、生物标本等资源的收集、整理、保藏工作，提高资源质量，提升资源保障能力和服务水平，重点开展植物种质资源、动物种质资源、微生物菌种资源、人类遗传资源，以及实验生物材料、生物标本、岩石矿物及化石标本八大类自然资源的整合集成与共享。

从以上分析，可以看到我国目前科技资源共享服务平台建设的主要方向是“聚焦国家战略产业技术领域”和“面向国家重大需求提供高水平专题服务”，这都表明我国科技资源共享服务平台建设进入新的阶段，高度重视平台的服务功能，以及对前沿科学研究、企业技术创新、大众创新创业等的支撑作用。

第二节　我国科技资源共享服务平台的构成分析

从社会中的现实经验看，科技资源共享服务平台的构成首先包括科技资源，然后是维持资源运行的场所和机构，再是对资源进行管理和对外提供服务的管理人员和技术服务人员，最后就是维持这一套体系运行的制度和规范。与企业创新直接联系的内容包括资源共享、科技中介服务、资源共享制度、服务管理与其他功能性平台。资源共享一般集成了一定领域内的科技文献、大型仪器设施、科学数据、资源条件等用户所需的各类物质资源，该系统通过聚集来自不同单位、不同领域的资源，按照政府需要和市场需求，为用户提供资源支撑服务。功能性平台是根据不同行业领域发展的特色情况，立足于具体产业内的企业需求，为某一行业内提供具有专业技术性的特色服务等。科技中介服务面向所有用户的需求，提供技术转移、产业化、知识资源管理等服务，实现研发成果与企业产品的进化，实现高校和资源机构等组织与企业创新的直接关联，完成技术进展到企业产品的进化。促进资源共享的制度在平台建设初期及运行期的作用都非常明显，同样维持平台正常运行的服务制度、协调手段、激励机制等内容也是至关重要的，缺一不可。

按照以上构成体系分析，科技资源共享服务平台应该至少包括六大部分：

一、管理体系

它是对平台的整体设计和长远规划，以及协调不同部门之间的合作关系的管理体制。管理体系是项非常复杂与烦琐的动态管控过程，它没有一成不变的管理模式，但是有一定遵循的管理规律，是系统性的、严谨而权威性的、不断创新而符合实际平台发展运行的管理体系，它必须具有明确的战略目标、严密的组织结构、可行的激励机制以及有效的融资策略。完善管理体系，提高管理水平，维持和推进平台发展。

二、资源整合体系

资源整合是对不同来源、不同层次、不同结构、不同内容的资源进行识别与选择、汲取与配置、激活和有机融合，使其具有较强的柔性、条理性、系统性和价值性，并创造出新的资源的一个复杂的动态过程。通过资源加盟等机制，吸引分散在各处的优质资源加盟平台，并通过服务奖励和用户补贴的方式强化加盟机制，提高资源的使用效率。资源整合是优化配置的决策，就是根据国家的发展战略和市场需求对有关的资源进行重新配置，以突显平台的核心竞争力，并寻求资源配置与客户需求的最佳结合点。目的是要通过组织制度安排和管理运作协调来增强平台的竞争优势，提高客户服务水平。

三、客户服务管理体系

它是平台以资源聚集型平台向服务型平台转变的重要举措，是研发平台由广泛分散服务向重点集中服务、由被动服务向主动对接、由服务个人用户向服务产业、由信息服务向一对一追踪服务等服务模式转型，实现标准化、个性化、专业化、系统化服务的重要抓手。客户服务体系是科技服务共享平台的重要构成部分，由明确“客户服务理念”、相对固定的客户服务人员、规范的客户服务内容和流程等构成，每一环节有相关服务品质标准要求；以客户为中心；以提升平台知名度、美誉度和客户忠诚度为目的的平台商业活动的一系列要素构成。

四、服务推广体系

通过联合各类资源主体和各层服务机构，如区县层面的科技资源服务机构、各种类型的高新技术服务园区管理机构以及科技中介服务机构等，构建的全市、全省乃至全国性的科技资源一站式服务体系，将资源的传递、汇聚、共享、开放等，统一放在一个网络内进行管理，大大提高了资源服务的效率。

五、制度保障体系

通过探索法制建设来保障科技资源的进一步开放共享，包括共享法规及配套政策的实施，科技进步条例的修订等。制度体系是平台遵守的规定和准则的总称，是平台赖以生存的体制基础，是平台相关工作人员的行为规范，是平台经营活动的体制保障。成功的平台背后一定有着一套健全的管理制度在规范性地执行。管理制度体系建设是平台管理工作的基础，它以一定的标准和规范来调整平台内部的生产要素，调动工作人员的积极性和创造性，当平台发展到一定规模后，能否科学地进行管理，对平台的发展至关重要。在当前市场深化改革的形势下，管理制度体系建设已经被越来越多的平台所重视，加强管理制度体系建设成为提高平台竞争力的有效途径。

六、服务人才体系

通过培养科技服务人才队伍，提高平台服务队伍的专业化水平，建立健全人员保障与激励政策措施，并逐渐拓展咨询专家的服务模式。一般而言，一个完整的专业人才发展链条包含输入、输出、管理三个方面。链条的顶端是平台文化、战略驱动、业务导向、人才策略等输入项，在打通整个链条的过程中，它们是需要充分调研、考量、对接的因素；链条的核心是任职资格标准构建、学习资源开发、学习活动管理、岗位资格认证五个要素；链条的外围是专业人才盘点，盘点不是目的，而是人才发展、应用、规划的依据；链条的底座是培训管理者培养,即平台内部的培训工作者们要驾驭这个链条，才能保证体系的落地。专业人才发展链条如图 4-1 所示。

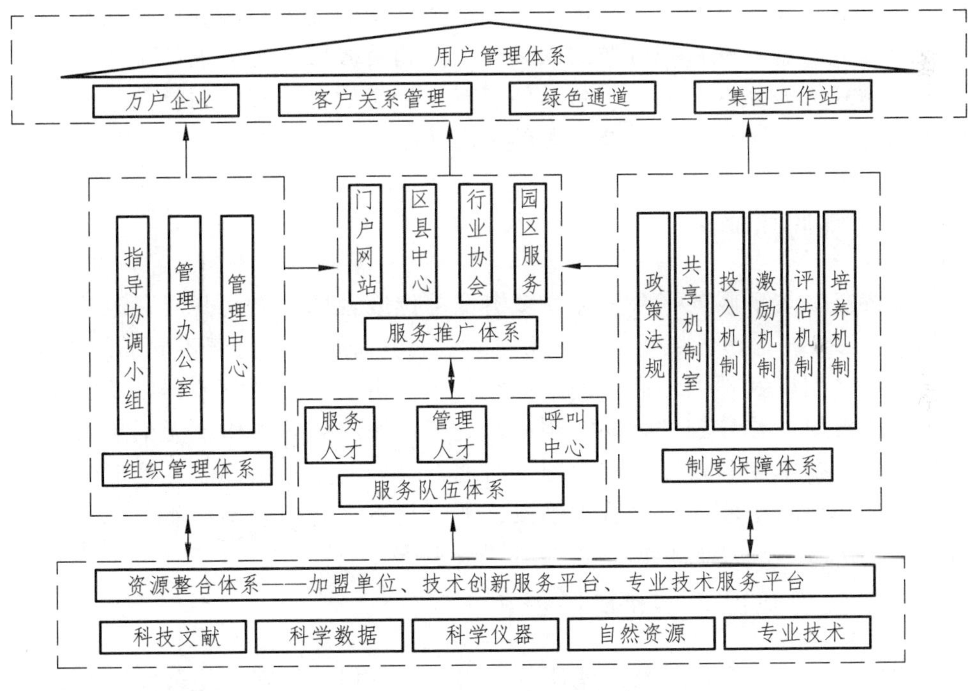

图 4-1　专业人才发展链条

第三节　我国科技资源共享服务平台的功能分析

从平台建设的实践可以看到科技资源共享服务平台的重要作用。科技资源共享服务平台在科技产业发展过程中可以发挥整合多方资源，促进协同创新和技术共享等重大影响，所以科技资源共享服务平台具有整合、协调与共享等功能。

一、整合功能

科技资源共享服务平台依托于重点企业、高校和科研院所等实力雄厚的单位，可以在集聚和整合创新主体和资源上发挥重要作用，重点企业在相应产业链中占有举足轻重的地位，需要众多中小企业来提供配套服务，高校和科研机构等向来就是新技术的重要发源地。由于科技资源分布的不平衡，在资源主体和资源使用者中间存在着主体间不同的技术优势与劣势，通过资源服务平台的建设，有利于不同的主体和客体之间的交流与融合，实现互补，科技资源共享服务平台把分散的联系不紧密的资源服务于需求的主体，有机联系，达到优势互补，通过平台达到了对全社会的科技资源的整合，增强了创新能力，提高了全社会科技资源的使用效率。

二、协调功能

科技资源共享服务平台是在许多资源单位或者部门之间开展资源共享工作的，甚至要进行跨区域的共享服务活动，这就需要不断协调不同部门之间、不同单位之间以及不同地区之间的利益关系。由于多方利益差异以及资源共享服务的意愿性差异较大，要想顺利地进行资源服务的合作，无论从用户角度看还是从技术创新角度，或者国家与地方层面利益关系都需要处理好，而政府在平台建设中应该通过管理手段让平台具备这样的协调功能。

三、促进知识共享和协同创新

创新集群涉及企业、科研院所等组织，具有相当程度的复杂性。如果没有一个具有较强权威性和公信力的机构来协调各主体之间的关系，创新集群就很难建立起来或者难以达到最佳效果。科技资源共享服务平台在政府或权威机构支持下建设，并依托于行业龙头企业或科研院所，本身就具有权威性和公信力，它可以在知识共享、专利交易等活动上互通有无，促使创新集群社会网络的形成，科技资源平台在创新集群中应当成为一个连接各方的中枢，科技资源共享服务平台在对外提供科技资源服务的同时，还能够通过其影响力进一步集聚资源，达到互动成长、逐渐壮大、服务能力提升的目的，自然能够为企业带来更多的收益。

第四节 我国科技资源共享服务平台主要的服务模式

科技资源共享服务平台基于政府立场，依托一批具有雄厚技术实力的高新技术企业和大专院校，以某些重点行业（如生物医药、信息产业等）的共性技术为重点，在各自领域内协调有关各方的联系与合作，切实推动研发资源的充分共享。科技资源共享服务平台通常是在政府有关部门的指导下建立的，拥有较强的基础研究设备、专门的仪器设施共用系统和科技文献系统，将分散在高校、科研院所、企业等单位的大型科学仪器、科技文献资源和重要科研设施进行战略重组和系统优化，减少仪器设备的重复购买，提高其使用率，促进科研水平、应用水平和服务水平的提高。所以，科技资源共享服务平台自身发展的重点不仅仅是对外提供各种各样的科技资源服务，还要不断地适应社会发展的需求，提升自己的科技资源水平和技术研发的能力，做到三方面协调发展，互相促进。科技资源服务平台三方面协调发展如图 4-2 所示。

图 4-2 科技资源服务平台三方面协调发展

显然，在科技资源共享服务平台的队伍成员中，会有一部分人从事技术研发，另一部分人从事成熟技术的应用和推广，这一比例的大小取决于科技资源共享服务平台所处的行业和自身的定位。对不同的服务对象，服务内容也可能是不同的，如依托四川省分析测试服务中心、中科院成都分院分析测试中心、中科院成都生物研究所、四川省农科院分析测试中心、四川大学分析测试中心、成都中医药大学分析测试中心、中国医学科学院输血研究所、成都医学院药物研究所、成都大学中药化学实验室、四川抗菌素工业研究所、成都生物与医药产业孵化园（天河园）、康弘集团等单位组建的四川生物医药分析检测平台，构建生物医药分析检测服务、生物医药研发技术服务、生物医药成果转化服务、生物医药信息服务、生物医药投融资服务、生物医药综合服务六大子平台，提供生物医药专业的分析检测、GLP、GMP、GCP、成果孵化转化、信息、投融资、政商等一站式服务。科技资源服务平台组织架构如图 4-3 所示。

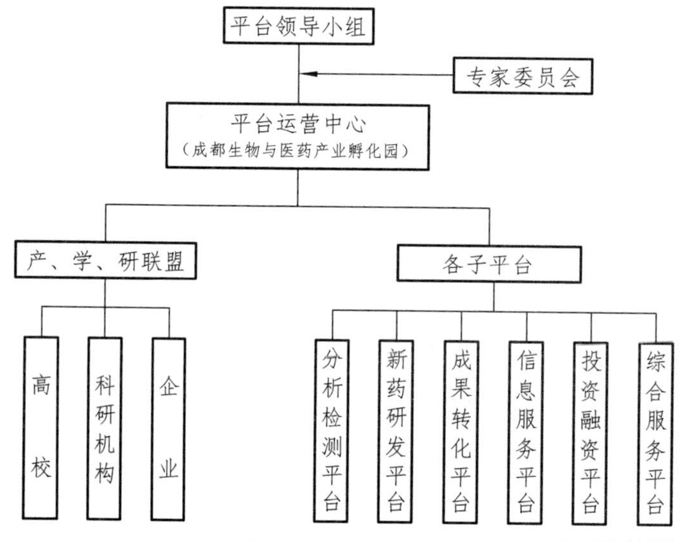

图 4-3　科技资源服务平台组织架构

不同科技资源共享服务平台的服务流程互不相同，但大体都是在顾客从网站或其他方式获知服务平台的情况后，与平台商谈并签署合同，委托平台进行一项研究，或使用平台已经相对成熟的技术，或使用平台拥有的大型设备等，当服务完成后收取相关的费用，如四川生物医药技术创新公共服务平台，按照政府主导、企业运行、省市区共建的模式和生物医药产业链的发展需求，依托“国家（成都）生物医药产业创新孵化基地”构建的生物医药公共服务平台。运营模式就很具代表性。科技资源服务平台的运营模式如图 4-4 所示。

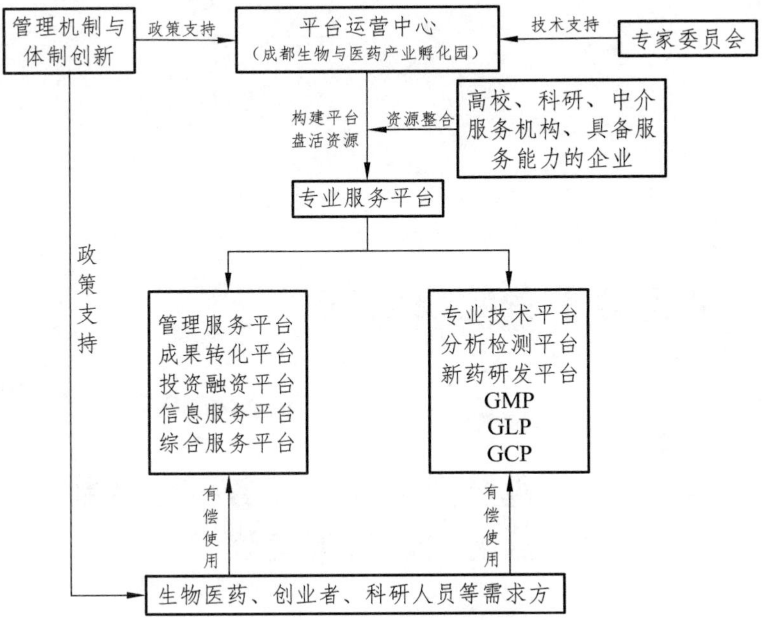

图 4-4　科技资源服务平台的运营模式

第五章　构建我国科技资源共享服务平台建设研究

第一节　科技资源共享服务平台体制机制建设对策建议

一、科技资源共享服务平台建设与运行政策制度问题分析

科技资源共享服务平台作为国家科技创新体系的重要组成部分，正发挥越来越显著的作用，这种作用的合理发挥应该有完备的政策制度作为支撑保障。虽然平台建设的制度目前已经初具规模，但是通过对目前政策制度现状进行分析之后，依然可以看出对于科技资源共享服务平台提供支撑保障的制度还存在很多各种各样需要克服的问题。存在的问题可以总结为以下几点内容：

（1）针对资源共享与资源服务平台管理维护的法律缺失。

科技资源共享服务平台的建设关系到科技发展、产业经济、财政支出、教育科研等多个管理层面，动用的资源多，跨部门的合作也多，需要通过统一协调与各个部门的合作，必须要有强有力统领性的法律保障，才能落实平台的建设和运行。

（2）政策制度的落实缺少顶层设计。

平台的建设及运行目前只是有概念性、大方向的指导性意见，未对整个建设与运行的体系进行详细说明和规范，缺乏完整和规范的建设与运行的管理规范。

（3）政策制度的建设整体不够详细。

平台政策制度关系到多个方面，例如平台整体规划及法律保障与平台建

设相适应的人才队伍的建设，日常管理的激励、考核等管理制度，不同区域或者行业的平台的推进情况等等。现行的政策制度在整体上不仅不完善，对模式运行以及政策激励和考核等重大问题都没有详细说明，缺乏强有力的深度及广度保障。

（4）政策制度的操作性和约束力较差。目前的政策制度缺乏约束性和强制性，没有特定的激励性和鼓励性，对资源拥有单位既没有太大的吸引力、约束力和操作性。

二、加快完善中央、部门和地方相关政策制度框架体系

中央、部门和地方相关政策制度框架体系的科学完善是平台建设运行能够健康发展的大环境，这一框架体系需要处理好中央和地方、部门和部门之间的政策制度关系。我国关于科技资源服务的政策制度，不仅要有全局性，能够在全国层面适用，还应该能够给予地方政府足够的自主性，让地方能够因地制宜地发挥其优势，既要有利于形成推动平台建设运行的部门合力，也要尊重各个部门的政策制度导向。

（1）进行全国性科技资源共享与平台建设现状摸底大调查。

要求中央和地方（以省为单位）各平台相关单位组织人员对本地本部门科技资源共享与平台建设运行的相关政策制度进行清查，并汇总上报。摸底调查内容包括《科技进步法》、各地科技进步条例等为平台建设运行提供法律依据的基本法律法规；对平台建设运行做出方向性和原则性指导的规划纲要；以及对平台绩效考核、人才队伍等具体工作内容做出要求的政策文件。在得到相关政策文件信息后需要组织人员进行分类汇编，总结已有的优秀经验加以推广，发现存在的问题及时纠正，对不合时宜的政策制度进行更新或废除。在此基础上，对各地的平台建设运行进行有针对性的指导。

（2）中央、部门和地方的相关政策制度设计要统一协调。

平台政策制度框架体系分为两大类。第一大类为法律法规，第二大类为政策规划，各层级法律法规是对应政策规划的法律依据和法律保障。法律法规按照效力可以分为四个层次：科技进步法等科技基本法、全国人大及常委会通过的科技资源共享法等平台相关法律、地方科技进步条例、地方人大及常委会通过的平台等相关法规。从目前的经验来看，科技资源服务的政策体系应该包括如下五个层面：一是国家层面的发展规划或者实施意见等；二是国家科技管理层面联合其他部委出台的促进科技资源共享的部门法规或者专门规划；三是地方性科技发展规划及实施建议等；四是地方关于平台建设的

具体实施说明；五是具体资源单位出台的管理办法文件。政策制度框架体系如图 5-1 所示。

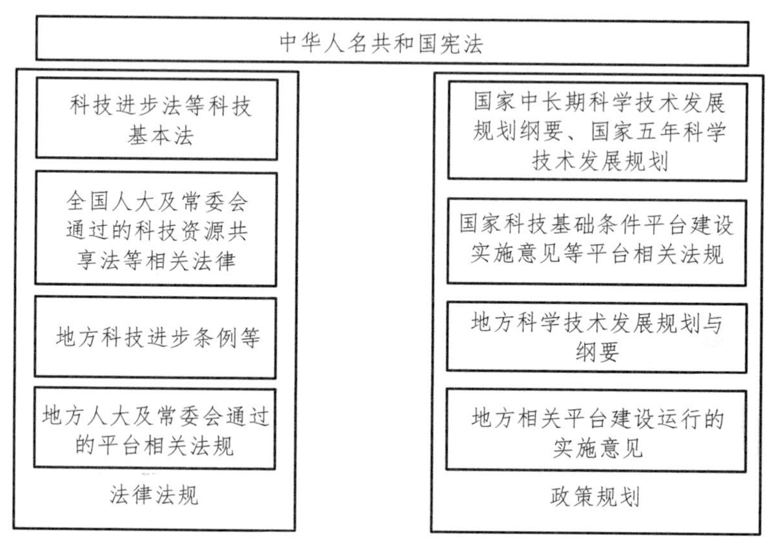

图 5-1　政策制度框架体系

（3）强有力的政策制度运作执行机构。

平台政策制度框架体系的协调运作需要依托现实的协作关系和机构，组织有关职能部门承担起政策制度协调沟通执行的职能，该机构既要与地方和中央其他部门保持密切联系，宣传沟通平台建设的相关政策，同时还需要强有力的政策制度落实队伍保障。

（4）加快出台国家层面上的平台建设指导性法规。

我国应结合国家创新体系建设、现有平台政策制度基础和国外相关经验，从国家创新体系的基础性地位、平台共享服务功能对创新的重要性等方面，出台国家层面上的指导性法规。其具有更强的权威性、持续性、操作性与规范性，其中的核心内容应明确科技资源共享各方的责权利以及政府部门相关的政策制度保障，强化科技资源的保护和合理利用，同时将科技资源的利用纳入区域性的发展规划之中，多层次、多角度地开展资源共享的实施工作，让其价值得到最大规模的发挥。这对于发挥我国科技创新体系的作用、提升科技创新水平，具有很大的促进作用。

三、健全规范平台建设运行过程中的相关政策制度内容

平台建设和运行涉及组织管理、人才培养、资金投入、运营管理、绩效

考核、奖励惩罚等具体操作制度，但由于平台的定位、功能各不相同，这些具体的操作制度也应当有所区别。平台建设和运行示意如图 5-2 所示。

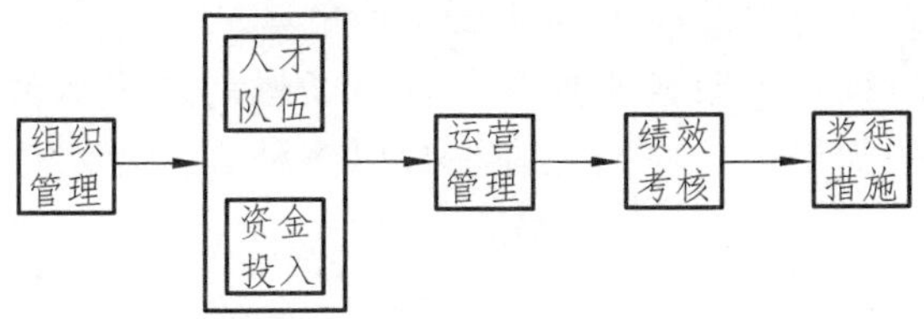

图 5-2　平台建设和运行示意

（1）明确各类平台及其资源的内在属性和定位。

我国现阶段科技资源共享服务平台大致可分为科技基础条件平台和技术创新服务平台（公共技术服务平台）两大类。前者分为大型科学仪器设备、自然科技资源、科学数据、科技文献、成果转化公共服务和网络科技环境六大类；后者分为条件资源服务、技术研发服务、技术成果转化与推广服务、产业技术人才培训与交流服务五大类。对于不同平台，应当根据内在属性和功能定位，制定不同的相关政策制度保障经费投入、人才支持，并在绩效考核、奖惩机制上更加注重社会和长远效益。比如基础研究性平台，国家相关政策制度应保障其经费投入、人才支持，并在绩效考核、奖惩机制上注重社会和长远效益。对于应用研究性平台，国家相关政策制度应完成国家布置的重大科研任务和公益性科研活动，然后可以让其发挥自身积极主动性，在经营模式和市场对接上多做有益探索。

（2）各类型平台的政策制度要点面兼顾。

目前，平台建设运行的具体政策制度包括了多个方面。我国当前六大类平台只有大型仪器设备建立起了相对完善和规范的政策制度体系，其他几类平台存在较大差距。因此，应根据各类型平台的具体情况安排政策制度体系建设，最终做到面上有广度，即各类型平台都有相应政策制度规范；点上有深度，每个类型的平台都要建立起考核、奖惩等系统具体的政策制度。

（3）根据平台属性确定组织建设形式。

我国目前大部分平台都是由科技主管部门牵头成立，这在初期对于推动平台快速发展是有好处的。但平台要想发挥更大影响，就需要转变工作思路，应在政府监督下，引入更多社会力量，根据平台属性确定平台组织建设形式，进行多元化建设。基础性研究性质的平台采取较为传统的政府统筹方式，应用性较强的平台应鼓励创新意识强、市场开拓能力高、资金雄厚的企业等主体牵头组织领导。

（4）鼓励创新运营管理模式。

平台的最主要功能就是整合、共享、创新，实现这些功能的方式却是多样的。除了现有以政府财政投入为主要手段的模式外，平台可以依靠自己的创新优势进行风险投资、股权质押等多种市场机制进行运营。政策制度在确保公共资源安全的前提下，应当允许平台以多种方式盘活自身资源，发展壮大起来。

第二节　科技资源共享服务平台的人才队伍建设研究

科技人才资源是重要的科技资源组成部分，人才队伍建设在科技平台建设中至关重要。本节从我国科技资源共享服务平台的人才队伍的需求现状出发，梳理人才队伍的需求结构，以及在平台建设中两种不同类型的人才的主要区别及工作内容，然后对目前人才资源建设中存在的问题加以分析，并针对这些问题，提出完善我国科技资源共享服务平台人才队伍建设的举措和建议。

一、我国科技资源共享服务平台人才队伍需求与现状分析

人才队伍是科技资源共享服务平台建设重要支撑，既是科技资源的一部分，又是参与科技平台建设与服务工作的主要力量，具有双重属性和特殊性，要在政策上加以分辨、支持和合理差异化对待。本书将科技资源共享服务平台的人才分成两类：一类是具有管理职能的人才，称之为平台管理人才；另一类就是在科技资源平台中实际的操作者和服务者，称之为技术服务人才。我国科技资源共享服务平台的构成框架显示出人才队伍在科技资源共享服务平台中的关键作用，服务人才和管理人才共同构成了平台的专业化队伍，他们通过对各类科技基础条件资源的利用和管理，对外提供专业化的服务，这是核心。我国科技资源共享服务平台构成框架如图 5-3 所示。

人才队伍是平台能够正常运行的重要条件，管理人才的工作主要是部门间的统调、服务机制的确立、对服务工作的监督以及对服务人员进行绩效考核等等；而技术服务人员的工作主要是资源的使用、资源的维护、一定的科研工作以及提供对外的科技资源服务等等。当前我国科技基础条件平台的人才组成结构如表 5-1 所示。

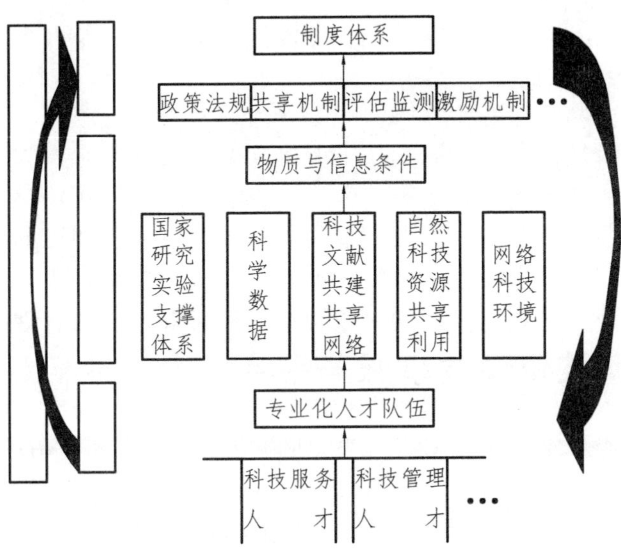

图 5-3 我国科技资源共享服务平台构成框架

表 5-1 科技资源服务平台专业化人才队伍组成结构

平台类型	工作内容	人员构成
国家研究实验支撑体系	实验室管理，仪器操作	观测工程师，实验工程师，技师等
自然科技资源的保护和开发	标本矿石种类等收集分析和库藏	专家和技师等
科学数据共享	精通于计算机网络数据处理管理服务和共享技术开发	高水平工程师和研发队伍等
科技文献资源网络体系建设	世界科技发展动向和水平的科技文献信息收集，加工处理，信息检索等方面	文献技术工程师，信息分析工程师，网络支持工程师和图书馆员等
网络科技环境建设	网站管理、网络信息、资源处理技术，信息清理	系统工程师、网络工程师、管理工程师和软软件研发人员
服务于科技资源服务平台运行评估监测	评价管理监测工作	专业评估人员等
科技资源服务平台与区域平台	专业性的技术服务、科技资源服务平台运行与日常维护	科技资源服务平台技术创新服务人才、科技资源服务平台管理人才

二、科技资源共享服务平台人才队伍建设面临的主要问题

（1）科技资源服务人才队伍的功能缺失。

这里的功能是指管理功能和技术服务功能。目前来看，大多数的科技资源共享服务平台建设中，缺乏专职的平台管理人员；平台虽有科技资源维护、操作以及承担服务的专兼职人员，但机制的缺位、专业知识的缺乏，使更多的服务功能不能充分发挥。所以，如何建立一支稳定提供服务的技术服务人才队伍，培养一支质量水平高的科技资源共享服务平台的管理型人才，是当前亟须解决的关键问题。

（2）人才队伍建设的体制和机制落后。

正因为人才队伍的功能缺失严重，所以应该注重人才队伍的培养和开发，需要行之有效、适应平台发展需求的人才队伍建设的体制和机制。目前，我国在科技政策上没有社会力量参与科技资源共享服务平台建设的政策和机制，资源共享机制不健全，从四川的实际来看，对科技资源服务人员的支持，在政策层面只有大型科学仪器的服务奖励，这部分奖励也只有部分能兑现，激励作用有限。

（3）人才管理的考评与激励机制不完善。

目前，科技资源服务与管理人才的考评与激励机制都还没有完全建立，许多平台对其人员的考评只能依赖其承担单位的考评体系和激励措施，需要对科技资源共享服务平台的人才队伍，建构一套相对独立的考核机制和指标体系。

三、科技资源共享服务平台人才队伍建设的措施与建议

通过建立合理的科技资源共享服务平台相关人才评价与激励机制，建立健全有利于科技资源共享服务平台建设的、有正确导向的人才评价方法，吸引和稳定一支专业化支撑队伍，用机制去激励、引导、留住各类人才从事科技资源共享服务平台服务工作。平台人才队伍建设层面划分了三个层次：物质、理念和制度。保障机制也包括三个部分：选聘、考核及激励。如图 5-4 所示。

（1）建立科技平台人才资源长期发展规划。

制定与科技资源共享服务平台建设和服务相适应的人才队伍建设的长远发展规划，强化社会对人才队伍的重视，将人才队伍整体建设与科技资源共享服务平台的建设紧密结合，建立有效的信息反馈渠道。

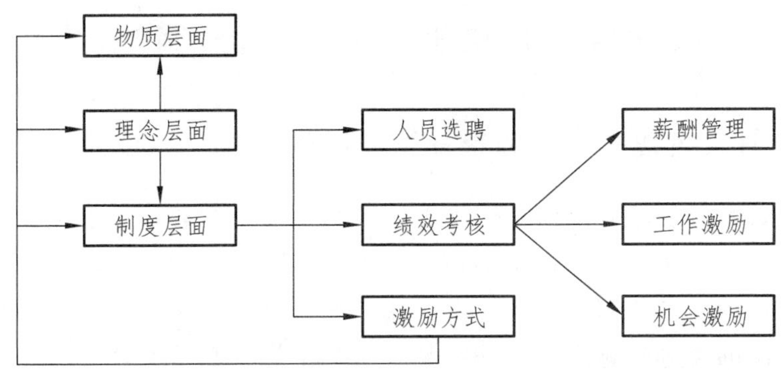

图 5-4 科技资源共享服务平台人才队伍建设层面和保障机制

（2）建立人才选聘机制。

从技术服务水平、管理才能、服务意愿及技术实力等建立一套完善的评价指标体系择优选聘。行政主管部门还应根据各领域科技资源共享服务平台特色、单位性质等具体情况制定具体的管理规范和服务标准。

（3）建立人才考核机制。

通过主管部门逐级对科技资源平台工作岗位的年度目标完成情况进行考核，检验该岗位任务完成质量和工作实效，需要考核差异化、精细化、准确化，并配套相应的激励、奖励、惩罚等机制。

（4）建立人才激励和惩罚机制。

在科技资源共享服务平台建设中，尤其是在对各层工作进行考核后，对完成任务的人给予一定的精神、物质等多维度全方位激励，以吸引更多的优秀人才参与到科技资源共享服务平台建设中来，使这些人才队伍保持相对稳定和持续发展。

（5）鼓励人才合理流动。

科技资源共享服务平台建设最终目的是提高企业自主创新能力和水平。企业、科研院所等单位的社会人才是科技资源共享服务平台建设的重要力量，作用非常大，建立合理的人才流动机制，可以丰富人才来源，开拓人才视野，掌握更多科技资源共享服务平台建设与服务的经验。

（6）营造人才队伍发展与成长大环境。

树立专业人才是科技资源共享服务平台发挥创新驱动作用的第一资源思想，给与专业人才充分的尊重和信任，营造人才发展与成长的大环境氛围，不断加快人力资源的整合交流，培养高水平高质量高效率的科技资源共享服务平台人才队伍，加强技术服务人才与平台管理人才的培训等。

第三节 科技资源共享服务平台建设的投入方式研究

一、科技资源共享服务平台发展现状

国家对平台的投入包括三个阶段：① 以科技项目投入方式创建平台。平台在创建之初，国家财政是以科技项目的投入方式对平台建设予以支持。“十一五”期间的平台建设投入比较多，基本是以项目形式建设的，但是其问题就是项目完成之后，各个单位都以原项目形式开展平台建设与服务，形式化比较严重。② 过渡期以自有资金投入方式支持平台的运行维护。2009—2010年，国家平台建设有一段财政投入的“真空期”或者称“过渡期”。而平台的运行与建设工作需要长期的资金投入。在这一时期，各平台的运行与维护主要依靠平台建设单位自有资金的支持。③ 第三个阶段就是从 2011 年开始的平台认定和考核机制的建立，国家在部委层面不仅出台了相关的政策和工作细则，并开始实施对以往支持的科技基础条件平台进行重新认定和管理，这种认定虽然在形式上是给一块牌子，但是实质上却是认可其科技资源服务的功能，并且从规范管理和服务质量提升方面，通过考核评估等手段，对其进行一定程度的支持和激励，这就是另一种形式的政策投入。

从国家层面看，科技基础条件平台的建设更多的是一种政府主导的工作，政府投入发挥的作用非常大；从地方层面看，比如上海，更多的是支持服务企业技术创新和产业发展的技术创新服务平台，非常接近市场化，是我们理想中的平台模型。

我国的科技投入情况与国外发达国家相比，美国的科技投入市场化充分，德国是社会和市场的结合，依靠很多半官方组织，日本的“官产学”主要融合了政府、社会和市场的力量，而我国则主要以政府投入为主，社会以及市场的力量还没有充分挖掘。

二、科技资源共享服务平台建设问题分析

虽然近几年科技基础条件平台科技资源建设和共享服务已经取得较大的成就，但是在平台科技资源建设及其财政投入机制上仍然存在一些不足和问题，这主要表现在以下几个方面。

（1）科技资源整合的质量还有待进一步提高。

科技资源的质量是平台共享服务的生命线。通过对 2011 年国家平台的认定和绩效考核，笔者发现有的国家平台科技资源整合还不够规范和标准，有

的平台科技资源数字化、信息化整合与“中国科技资源共享网”匹配不上，有的平台科技资源还不够权威和全面，有的平台科技资源的针对性不够，与用户对接还不紧密。因此，国家平台科技资源整合的质量需要进一步提高，还需要根据绩效考核的意见，对平台科技资源信息的质量做进一步的整改。

（2）国家平台与地方平台的协调机制有待进一步加强。

目前国家层面的科技基础条件平台体系已经初步具备，认定管理、绩效评估、服务补贴等方面形成了稳定的发展形态。在技术创新服务平台方面，国家平台与地方平台之间的沟通、协调、整合机制尚未完全建立起来。因此，要加强国家平台与地方平台之间的协调机制，中央和地方共同投入建设资源平台，减少重复投入，促进共享服务，提高科技资源的利用效率。

（3）基础资源平台的运行维护缺乏稳定的财政支持。

国家平台从 2011 年开始的“十二五”期间，采用的是财政后补助方式来支持平台的建设与共享,补助奖励的标准就是根据各平台共享服务的质和量,这种财政支持方式对于基础性、长期性和公益性强基础资源平台，需要稳定的财政支持和保障，就存在一定的不适性。比如，国家微生物资源平台，一方面需要长期对微生物进行更新、复核、安全保藏等维护，运行资金不能间断，另一方面还要支持平台的长远发展，包括资源新增、资源评价、人员的培养和激励、对外宣传培训等各方面，财政投入应具有连续性、前瞻性和长期性，保证平台可持续建设和发展。

（4）平台财政投入机制有待进一步完善。

具体表现为：绩效评价标准没有充分考虑平台的差异性，对于不同特点的平台，绩效评价标准和财政投入的力度要有所差别，要重点支持特殊资源和基础性的平台建设；目前对国家平台采用后补助的财政投入方式，这一投入机制缺乏稳定的预期，没有固定的运行费支持，可能会使平台工作因为经费不足而险于停顿，影响到平台的基本运行；经费下拨较晚，经费下拨滞后，影响平台科技资源工作的计划性和连续性；一年一考核的周期过短，加重平台管理人员的工作负担。

三、科技资源共享服务平台建设投入模式建议

（1）建设与运营并重。

目前我国平台建设的趋势，是从项目投入进化到服务考核补贴模式，是从建设到运行的综合考量。国家基础条件平台的生命周期主要包括四个阶段：规划设计阶段、平台建设阶段、平台运行阶段以及平台退出阶段。根据平台

生命周期，不同的阶段会产生不同的经费需求，从而产生不同的投入需求。平台投入需求建议如图 5-5 所示。

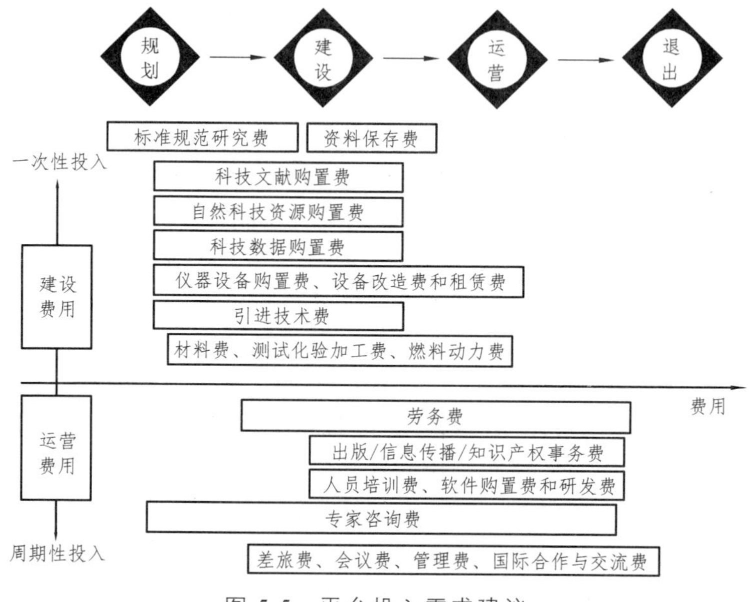

图 5-5　平台投入需求建议

（2）多元化投入主体。

国家科技经费应按照科技资源属性，实行投入主体多元化，一方面有利于提高财政资金的使用效益，实现政府的投资引导，另一方面有利于层次分明的多元化投资体系的形成。通过明确政府、企业、社会在平台建设过程中的不同作用，调动各方建设各种平台的积极性，实现紧密结合，活跃科技领域的投入。政府、企业和社会三方面的投入应该协调一致，并通过投入逐渐吸引越来越多的社会和私人资本进行平台建设的投入和参与。按照科技资源属性主要分为三类：国家财政投入、私人资本和社会资本，其长期效果如图 5-6 所示。

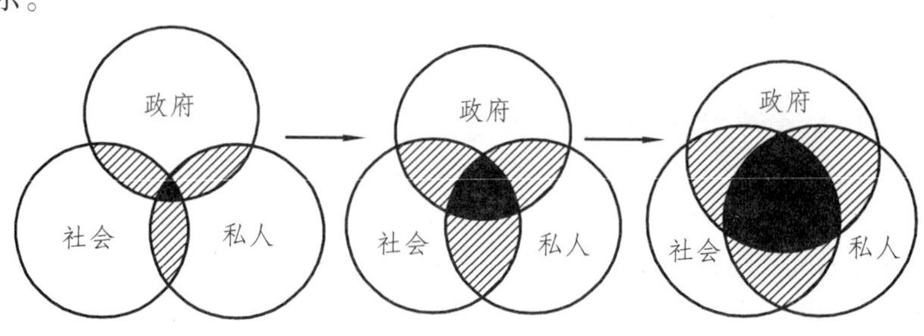

图 5-6　多元化投入长期效果

（3）多样化投入方式。

投入主体的多样性，必然决定了投入方式的多样性，主要包括科技计划、事业制拨款、政府购买、减税扶持、财政贷款等方式。

四、针对目前科技资源共享服务平台投入的对策建议

按照目前的发展趋势和存在的问题，以及多年以来国家出台的多项政策性文件出发，再结合各个地方科技平台建设的基本经验和遇到的问题，笔者总结出对于目前科技资源共享服务平台建设投入发展对策：

（1）进一步提高平台科技资源整合的质量。

科技资源整合质量是科技资源的共享的基础条件，可以促进资源共享和服务能力的提升。建议：一要提高平台科技资源的权威性和全面性。国家平台整合的资源必须是本专业领域中最权威、最全面的，这是国家基础条件平台一项重要的使命和义务。二要增强平台整合资源的规范化和标准化。国家平台对整合的科技资源信息进行规范化和标准化的加工，完善科技资源的数字化、信息化整合，与“中国科技资源共享网”高度匹配，提高科技资源的可用性。三要提高平台整合资源的针对性和有效性。平台整合资源要与服务相对接，针对平台资源的用户尤其是中小企业的需求整合资源和提供服务。

（2）进一步加强国家科技平台与地方平台的协调机制。

国家级的平台与地方级的平台，在质和量上有着一定的差别，要在二者之间形成有利于科技资源共享服务平台事业的发展政策体系，强化科技平台建设的国家与地方两个层次的协调机制，共同推进科技资源共享服务平台的发展；鼓励国家平台在各地方建设资源站点和服务站点，尤其是要对西部地区进行重点建设，积极引导和支持西部地区科技基础条件的发展；最大程度地发挥各个地方的积极性，更多地发挥地方平台建设的优势，让其逐渐摸索出比较合理的发展途径，适应地方经济发展的需求。通过国家平台和地方平台之间的协调机制，使中央财政和地方财政共同投入建设基础条件平台，切实减少了平台建设的重复投入，提高了科技资源的利用效率。

（3）对平台的运行维护采取差别性的财政投入方式。

随着平台建设的发展和平台类别的扩充，平台运行状态和服务性质的差异性会越来越大，对于国家平台的运行维护，可采取有差别的财政投入方式：完全公益性运行的平台，由国家全额拨款；能够部分实现市场化运行的准公益性平台，由国家差额拨款，逐渐带动相关领域经济的发展，达到一种良性的循环。

（4）建立和完善“稳定支持加上政策奖励”的财政投入机制。

每年年初根据各平台的公益性质，给每个平台一定数额的固定的运行维护经费，以保证平台的基本运行；每年年底根据各平台运行服务绩效考核的结果，给予相应的奖励。这种方式，一方面通过稳定支持给平台一个稳定的收入预期，可以有力地保障平台的日常运行和维护，确保了平台正常运行；另一方面通过年底绩效考核加奖励的方式可以有效地调动起平台资源建设和对外服务的积极性，提高共享服务成效。

第四节　科技资源共享服务平台建设激励机制的构建

一、政府作用

政府引导作用一是加强组织管理，提供共享组织保障，建立完善的科技资源共享协调机制，加快资源共享效率；二是持续支持，增加经费投入，保障平台正常运转；三是统一技术规范，推动平台的规范化建设，加快平台服务与管理的标准化和一致性。

政府部门在平台服务活动开展中的引导作用决定了其自身的服务性质。如何正确引导服务平台发展和激励平台高效完成组建使命也是政府必须考虑的问题，科技资源本身就具有公共产品的性质，这种性质就决定了不能够完全用市场化的方式对科技资源服务加以衡量，一定的激励举措还是非常必要的。主要表现：①专业技术成果有很强的外部性。专业技术的外部性最明显地表现为“外溢效应”和专业技术成果对外服务的“公共产品性”，从而造成这种知识将无法排除他人对它的使用，导致知识的外溢。②对技术创新收益的独占性形成严重的挑战，而最终则导致利益的外溢；专业技术创新具有很大的不确定性。创新存在一定的风险，会影响技术创新和预期相关的技术服务的动力，因此需要一定的激励举措引导资金和人员的投入。

政府在积极构筑公共服务平台,完善创新支持体系和创新创业环境同时，应充分激发平台实现科技资源开放共享的潜力，提高公共服务平台的运营效率和服务水准。

二、物质性激励

物质性激励层面，除了财政投入形式的激励形式外，还有许多其他形式的激励方式，这里主要对直接影响其对外服务工作的积极性的税收和财政补贴分析一下。

（1）税收。

税收既是一种投入形式，也是一种激励形式，在我国已经有了研发费用加计扣除政策，但是，对于平台建设来说，其投入是否属于研发费用目前还难以进行界定，很难享受到这种优惠政策。

政府在税收政策激励方面应做好以下工作：营造公平的税收环境，实行平台建设与运行的税收优惠政策，使广大中小企业、转制院所参与到平台建设中去；加强对平台服务的支持，对平台建设与平台对外服务产生的费用与收入加以减免税收，降低平台运行成本；考虑减少平台服务人员的个人所得税率，保证平台管理和服务人员激励政策落实到个人。

（2）财政补贴。

财政补贴是一种间接的转移性的支出。从政府的出发点看，补贴性质的支付是无偿的，补贴之后，接受补贴的人不仅能够增加其自己的收入，还算是一种鼓励措施。目前，随着平台的发展，中央政府、市政府逐渐降低对平台的财政直接投入，而是在服务之后，对其进行考核和补贴。这种形式国家科技部正在探索实施，四川也出台了相应的管理办法和实施路径。一方面是因为这些平台在近几年的发展壮大后，服务情况好的平台，基本上可以满足自身发展需要；另一方面，随着平台数量的激增，只能采取择优支持，这就从投入变成了补贴，这种途径是鼓励平台建设的非常有效的方式。

三、非物质性激励

（1）再培训教育支持。

这是技术服务型人力资本保值增值的一条重要途径，技术服务人员要不断提升自己的水平和知识能力，调整他们的服务能力。政府部门为技术服务人员可以组织以下培训形式：与大学、科研院所合作，让技术服务人员参加部分研发活动，并及时掌握领域内的最新技术成果，并应用到技术服务中；给予科技资源共享服务平台技术人员参加本领域内的学术交流的机会；提供相关领域的短期培训和交流平台，让其掌握更多的服务信息；增进不同领域内的平台间的交流与互相学习。

（2）推动行业协会组建与发展。

行业协会一般都是非营利性的，是政府批准组建的旨在加快相关领域内的交流与合作、推动该领域发展进步的社会组织。在市场经济体系中，行业协会有着极大的发展空间，能为提供专业技术服务的单位搜集行业信息，开展面向行业和市场需求的专业服务合作。有必要发挥政府统筹功能，成立平台层面的行业协会，为全国各省市的科技资源共享服务平台搭桥牵线，提供互相交流经验的平台，促进全国范围的服务平台协调发展，集中各自优势资源，抓住需要，共同引导未来技术发展方向和标准制定，让科技资源服务真正成为一个行业，加快该行业内的交流合作，优势互补，协同提供服务的效果。

（3）精神激励。

精神激励是相对于物质激励来说的，在科技服务领域授予技术服务人才荣誉称号，让其在职务晋升、职称评定、绩效考评、年度考核、被信任尊重等方面有所体现，通过满足其精神需要而激发他的技术服务积极性，营造支持和鼓励技能人才成长的环境和机制。

第六章 构建四川省科技资源共享整合模式

第一节　四川省科技资源服务平台发展状况

近年来，四川省投入大量科技资源，建设了一支高素质的科技人才队伍，兴办了多个科研开发基地和科技资源共享平台。四川省科技厅进行统一管理，形成了较为全面的科技资源服务平台，取得一定的科研成果，在科技带动区域经济和社会建设方面取得了成效。下面分别从科技人力资源、科技财力资源、科技物力资源、科技信息资源、科技服务业等五个方面进行全面的分析与总结。

一、科技人力资源方面

科技人力资源是科技资源中最为活跃的因素，是指实际从事或有潜力从事系统性科学和技术知识的产生、发展、传播和应用活动的人力资源，包括专门人才、专业技术人员、科技活动人员、R&D（研究与实验发展）人员、科学家和工程师。科技人力资源是为科学技术发展和人类进步付出创造性劳动、做出较大贡献的人才资源，它不仅具有一般人才资源的特征（能动性、时效性、可再生性、社会性等），还具备时代性、创新性、层次性、开发性、强流动性。在知识经济时代，科技人才已是国家最重要的战略资源和地区经济发展的根本动力，其规模和素质代表着一个地区科学技术快速发展与强大的创新能力。

（1）规模。

R&D 人员是指专门从事研究与开发工作的人员，他们是科技活动人员的主体，能反映科技人才资源的基本特征，所以 R&D 人员的重要性不言而喻。2016 年四川省有中国科学院院士 24 人、中国工程院院士 34 人。2017 年 6 月印发《四川省专业技术人才队伍建设“十三五”规划》中指出：到 2020 年，专业技术人才总量将达到 367 万人，较“十二五”末增长 25.6%。规模居西部第一，基本适应经济社会发展需要；高级职称人才达到 47.7 万人，中国科学院和工程院院士、“千人计划”和“万人计划”入选数保持中西部领先优势，省学术技术带头人、省有突出贡献优秀专家均达到 3 000 人，在重点优势学科（专业）领域形成一大批具有全国领先水平的高层次专业技术人才和团队；高、中、初级专业技术人才比例达到 13∶37∶50。

（2）分布结构

根据 2017 年四川统计年鉴统计，全省自然科学技术领域机构 109 个，从业人员 14 068 人，分别占全省科学机构总数的 71%、88%；科技情报和文献机构 26 个，从业人员 822 人，分别占全省科学机构总数的 17%、5%；其中所有科技活动人员为 10 933 人，占从业人员总数的 68%。成都在全省各地市统计数据中优势明显。这些数据表明：四川在自然科学技术领域优势明显，在科技情报和文献领域重视不够、需夯实基础，科技活动人员数量比例合理，着重再提高从业人员的科技素养。

由四川省 R&D 人员活动分布可知，2017 年四川省 R&D 活动以试验开发为主，基础研究、应用研究、试验开发研究三类人员比例分别为 11%、21.8%、61.7%。2006 年到 2017 年期间，基础研究的比重略有增长，扩大了 2.62%；应用研究的人员比重除 2005 年达到 30.2%外，一直在 18%～22%间波动；试验开发研究的人员比重居高不下。

按 R&D 人员学历分组，2017 年四川 R&D 人员总计 79 848 人，其中博士 11 303 人，硕士 16 668 人，本科 45 265 人，其他学历 6 612 人，分别所占比重为 14.1%、20.9%、56.7%、8.3%，近年来博士、硕士增加明显，但主要还是以本科为主。

从地域分布看，四川省科技活动人员在各市州的差异也很大，成都一直稳居全省第一。2017 年，成都市科技人员为 12 712 人，占到全省总量的 79.6%，其他市州科技活动人员总数不足 3 300 人，全省科技发展不平衡，辐射带动效应没有凸现。

二、科技财力资源方面

科技活动经费是开展科技活动必要的保障。四川省研发经费投入规模一直保持西部第一。近年来，全省研发经费投入强度（研发经费与 GDP 之比）一直呈稳定上升趋势，2016 年达到 1.72%，比 2015 年提高 0.05 个百分点。

（1）规模。

R&D 经费投入是衡量地区科技竞争力的重要指标。据四川统计局资料显示，2016 年，全省研发经费投入总量为 561.4 亿元，比 2012 年增长 60.0%，年均增长 12.5%，比全国高 1.4 个百分点，投入总量保持西部第一。2000—2016 年四川省 R&D 经费情况如图 6-1 所示。

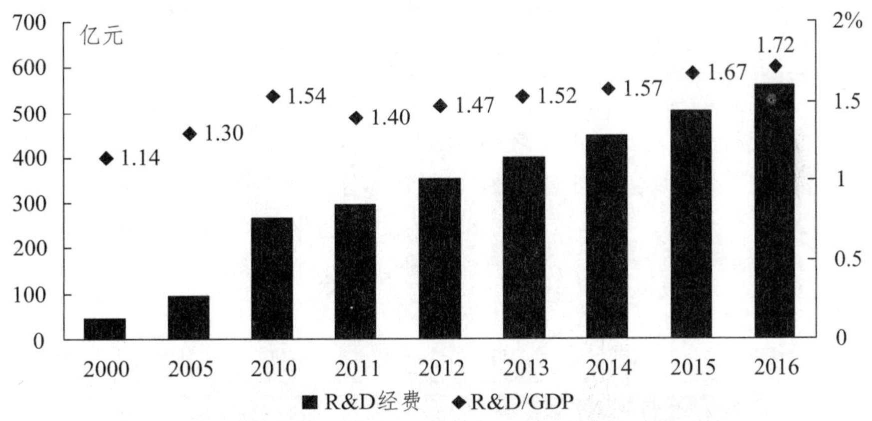

图 6-1　2000—2016 年四川省 R&D 经费情况

财政资金扶持规模不断增加。2016 年全省财政科技支出为 101.1 亿元，比 2012 年增长 70.2%，年均增长 14.2%；财政科技支出占当年全省财政支出的比重为 1.26%。近年来，基层政府更加重视对科技的支持力度，到 2016 年，市（州）和区（市、县）财政科技支出达 80.0 亿元，已占全省财政科技支出的 79%，比 2012 年提高 0.5 个百分点。四川省对科技投入整体上呈现上升趋势，无论是投入的绝对值或相对值都是逐年递增，力度不断加大。

（2）分布结构。

从资金来源看，四川省 R&D 经费中的企业资金达到 293 亿元，比 2015 年增长 20.1%；各级政府 R&D 资金 240.4 亿元，比 2015 年增长 4.4%，企业资金比重在连续下降后引来反弹，比 2015 年提高 3.7 个百分点，升至 52.2%，为近 9 年的最高水平。政府资金比重比 2015 年下降 3.0 个百分点，为 42.8%，与企业资金比重相差 9.4 个百分点。2010—2016 年四川省 R&D 经费来源情况如图 6-2 所示。

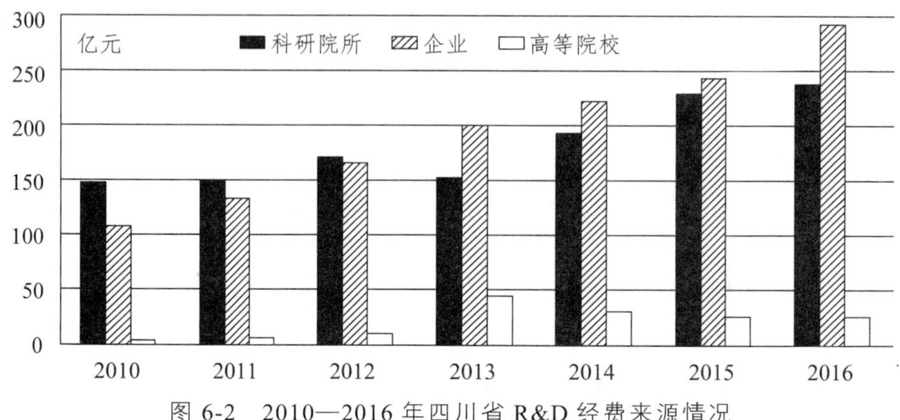

图 6-2　2010—2016 年四川省 R&D 经费来源情况

从各类资金的流向看，政府资金投入到院所和高校的比例持续下降，对企业投入连续提升。2016 年，政府 R&D 资金的 78.2%投向科研机构，9.1%投向高等院校，合计比 2015 年下降 2.0 个百分点；9.6%投入到企业，比 2015 年提高 1.9 个百分点，企业资金的 88.5%投向企业，比 2015 年提高 1.1 个百分点；7.4%投向高等院校，3.5%投向科研院所，投入到院所和高校的比例比 2015 年下降 1.0 个百分点。资金流向情况如图 6-3 所示。

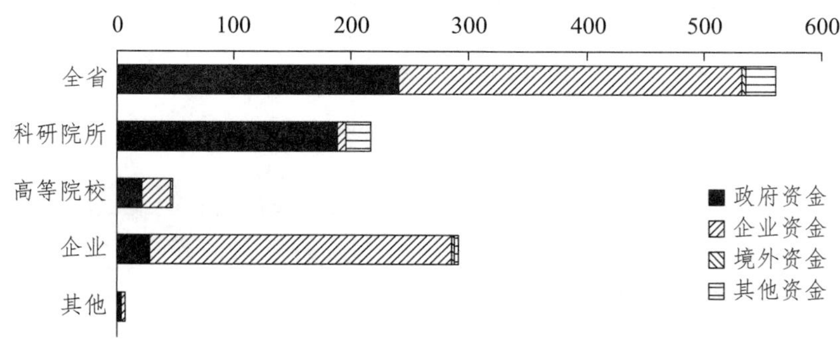

图 6-3　四川省 R&D 资金流向情况

从 R&D 经费的执行部门看，企业增幅明显高于科研院所和高校，创新的主体地位进一步加强。2016 年企业 R&D 支出 291.5 亿元，比上年增加 21.3%，占全省总支出的 51.9%，比 2015 年提高 4.1 个百分点，在全省 R&D 经费支出总量中的比例首次超过 50%；科研院所 R&D 经费支出 217.4 亿元，比 2015 年增长 2.7%，占全省总量的 38.7%；高校支出 47.8 亿元，比 2015 年增长 2.8%，占全省总量的 8.5%，科研院所和高校的占比分别比 2015 年下降 3.4 和 0.8 个百分点。2012 年以来，企业 R&D 活动支出均增长 17.3%，明显高于科研院所（9.0%）和高校（5.4%），企业支出比重提高了 8.1 个百分点，院所和高校占比分别下降 5.1 和 2.5 个百分点。2010—2016 年四川省 R&D 资金执行部门情况如图 6-4 所示。

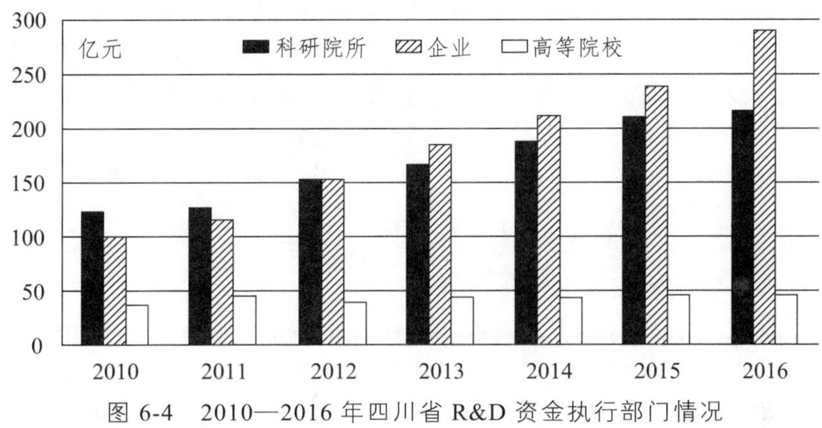

图 6-4　2010—2016 年四川省 R&D 资金执行部门情况

三、科技物力资源方面

科技物力资源是进行科研活动的物质基础，是发挥科技资源功能与效用的重要条件。包括各科研仪器、设备、科技条件平台等，主要分布于研究机构、大学、企业中的技术开发机构、国家重点实验室、研究中心等。

1. 大型科学仪器设备

四川省科研设施与仪器开放服务网络管理平台（以下简称“平台”）是四川省科技基础条件平台的重要组成部分，是全省加快推进科研设施与仪器向社会开放的科技资源支撑平台，是科技基础条件服务于创新型四川的重要任务。为加快推进科研设施与仪器向社会开放，进一步提高科技资源利用效率，根据国务院《关于国家重大科研基础设施和大型科研仪器向社会开放的意见》（国发〔2014〕70 号）（以下称《意见》）、四川省人民政府《关于重大科研基础设施和大型科研仪器向社会开放的实施意见》（川府发〔2017〕2 号，以下简称《实施意见》），省级科技主管部门指导平台牵头单位建立了统一开放的省级平台，并将所有符合条件的科研设施与仪器纳入平台管理。管理单位的服务平台统一纳入省级平台，最终全部纳入国家网络管理平台，实现与国家网络管理平台的实时对接，逐步形成跨部门、跨领域、多层次的网络服务体系。目前已有原值在 50 万元以上设备 2 205 套，有力地推动了四川省重大科研基础设施和大型科研仪器开放共享，释放服务潜能，提高使用效率。

根据《科技部发展改革委财政部关于印发〈国家重大科研基础设施和大型科研仪器开放共享管理办法〉的通知》(国科发基〔2017〕289号)和《四川省人民政府关于重大科研基础设施和大型科研仪器向社会开放的实施意见》(川府发〔2017〕2号),四川省科技厅于2018年1月15日研究起草了《四川省重大科研基础设施和大型科研仪器开放共享管理暂行办法》(征求意见稿),并向全社会征求意见和建议,持续深化全省重大科研基础设施和科学仪器设备开放共享规范管理。

2. 自然科技资源共享平台

(1)四川省植物资源共享平台。

四川省构建了植物种质资源库和相关数据库群，搜集丰富的植物种质资源、试验材料和育种材料，积聚了大量的科学数据和科技信息，具有极高的科学价值和实用性。据不完全统计，近三年内科技人员和科研机构依托平台选育的新品种就超过30个,四川省科技进步一等奖3个,二等奖2个。此外,平台已直接为100余家企业提供相关服务促进了地方经济发展，也成为众多大专院校教学实习基地和青少年科普基地。

(2)四川省动物资源共享平台。

四川疾病预防控制中心，监控省内实验动物质量和环境设施，使实验动物生产和使用质量都有所提高。在成都GLP中心建立了国内领先、与国际初步接轨的新药安全性评价公共技术服务平台，并先后通过国内的GLP认证，ISO14000认证，美国的NIHOLAW认证和AAALAC国际认证。四川农业大学实验动物工程技术中心，改造完成猕猴驯养场地，完善了猕猴的各种背景数据。

(3)四川省微生物资源共享平台。

建立了完善菌种资源数据库及微生物资源平台网站，已累计保存食品、发酵、轻化工等领域应用的各类微生物菌种3 000余株，其中应用菌种产值亿元以上，支撑国家及地方数十科技项目，同时为省内外66家企业、科研及教学单位提供资源共享及技术服务，创造巨大的社会经济效益。

3. 四川公共服务平台

建设了一批设施齐备的科技服务平台,包括区域医疗服务监管共享平台，实现区域医疗服务监管尤其对有关医疗卫生体制改革统计指标的动态监测；四川省标准文献信息资源服务平台，解决平台存在的标准文献资源不全、系统运行慢等问题；科技金融公共服务平台，协助企业打通资金瓶颈。

打造了四川大学科技园、电子科技大学科技园、西南交通大学国家科技园和西南科技大学国家科技园 4 个国家级大学科技园，在为科技成果中间试验、推广服务、产业化示范等方面发挥了积极作用，形成了电子信息、生物技术、新材料、航空航天、重大装备、天然气化工、农畜育种、中医药、核技术等在全国具有比较优势的学术或技术领域。

4. 四川研究实验基地

截至 2016 年，四川省已有国家重点实验室 13 个，企业国家重点实验室 2 个，省部共建国家重点实验室培育基地 3 个，省部级重点实验室 193 个，逐步形成了学科布局合理、运行机制完善、研究水平领先、研究重点突出的省重点实验室体系，并在科研和人才培养等方面取得了丰硕的成果。

5. 四川研究机构

截至 2016 年，四川省有国家级工程技术研究中心 16 个、省级工程技术研究中心 162 个，省级产业技术研究院 25 个，大学科技园 15 个，省级产业技术研究院 10 家。有认定高新技术企业 3 134 家，国家和省级高新技术产业园区 11 家；国家级农业科技园区 9 个；国家级科技企业孵化器 26 个、省级科技企业孵化器 67 个；国家级大学科技园 5 个，省级大学科技园 9 个；国家级众创空间 55 个，其中专业化示范众创空间 1 个，省级众创空间 32 个；国家级星创天地 51 个；国家级国际科技合作基地 19 个，省级国际科技合作基地 40 个。全年共登记技术合同 11 609 项，成交金额 304.9 亿元。完成省级科技成果登记 3 008 项。

四、科技信息资源方面

科技信息资源不同于一般的资源，是指以各种科技文献、期刊、专利、光盘数据库等为载体的科技产出，主要由科学研究和技术创新的知识信息性成果组成。

1. 科技文献

2017 年，四川省研究与开发机构共发表科技论文 5 548 篇，同比增长 13.97%，占全国科技论文总数的 3.94%；出版科技著作 85 部，占全国科技论文总数的 2.17%；专利申请数和专利授权数分别为 674 件、353 件。据中国科技统计网统计，2011 年全省研究与开发机构发表科技论文 5 444 篇，占全国论文总数的 3.7%，居全国第六、西部第一。

2. 专利

2016年，四川省全年共申请专利142 522件，获得授权专利62 445件，其中申请发明专利54 277件，获得授权的发明专利10 350件；行政机关立案处理专利案件1 419件，审理结案1 407件，结案率99.15%；新增实施专利项目11 418项，新增产值1 555.51亿元；专利权质押融资金额31.95亿元。预计到2020年，发明专利申请量达到44 500件，科技进步贡献率达到60%。专业技术人才自主创新能力显著增强，在产业变革、科技引领和社会进步等方面作用更加突出。

3. 科技成果

“十二五”期间四川省主要科技成果产出大幅增长，获得国家级科技成果奖励的项目有198项，获得四川省科技进步奖共奖励科技成果1 276项。其中，特等奖2项、一等奖161项、二等奖311项、三等奖802项。

企业获奖项数保持主体地位。2016年企业（含转制为企业的科研院所）为第一成果完成单位的项目128项，占奖励总数的45.9%，比上年下降2.2个百分点；高等院校72项，占28.2%，比上年增加3个百分点；科研院所53项，占20.8%，比上年下降2.9个百分点。2011—2016年四川省科技成果获奖情况如表6-1所示。

表6-1　2011—2016年四川省科技成果获奖情况

年份	国家级科技成果奖励总数+四川省科技进步奖项总数	国家自然科学奖	国家技术发明奖	国家科学技术进步奖	四川省科技进步特等奖	四川省科技进步一等奖	四川省科技进步二等奖	四川省科技进步三等奖
2011	29+238	0	0	29	0	28	52	158
2012	40+252	1	4	35	0	31	54	167
2013	25+247	2	5	18	1	35	58	153
2014	40+271	1	5	34	0	33	74	164
2015	34+268	1	7	26	1	34	73	160
2016	30+258	0	8	22	1	31	68	158

五、科技服务业方面

2017年，省统计局重点调查规模以上科技服务业单位1 856家，实现营业收入 2 421.9 亿元，同比增长 17.5%，比规模以上服务业总体增速高 1.3 个百分点。实现利润总额 349.6 亿元，同比增长 10.0%；投资收益突破 100 亿元，同比增长 6.8%。据估算，全省全口径科技服务业营业收入规模在 3 760 亿元左右。

2017 年，全省科技服务业保持平稳较快增长，从 4 月开始，科技服务业各月累计增速均比规模以上服务业高 1.2 个百分点以上。全年科技服务业对全省服务业增长的贡献率达 41.0%，带动全年全省服务业增长 6.6 个百分点，带动能力进一步提高。2015—2017 年规模以上科技服务业营业收入如表 6-2 所示。

表 6-2 2015—2017 年规模以上科技服务业营业收入

年份/年	单位数/个	营业收入/万元	同比增速/%	服务业 同比增速/%
2015	1 506	1 940.1	4.9	4.2
2016	1 702	2 187.5	10.1	9.4
2017	1 856	2 421.9	17.5	16.2

从规模以上科技服务业的行业分布看，697 家信息传输、软件和信息技术服务业企业实现营业收入 1353.6 亿元，较上年同比增长 15.7%，占全省规模以上科技服务业比重高达 55.9%；548 家科学研究和技术服务业实现营业收入 612.4 亿元，同比增长 11.2%；562 家租赁和商务服务业企业实现营业收入 420.2 亿元，以 27.9%的增速领跑科技服务业。

从区域分布看，成都平原经济区 1 500 家规模以上科技服务业企业实现营业收入 2 085.3 亿元，同比增长 18.6%，占全省规模以上科技服务业的 86.1%，其中，成都以 1 803.2 亿元的营业收入遥遥领先其他市（州），占全省比重达 74.5%。绵阳、德阳以 87.4 亿元和 76.4 亿元的营业收入居第二、三位，仅占全省的 3.6%和 3.2%。川南经济区、川东经济区分别实现营业收入 133.2 亿元和 125.4 亿元，占全省规模以上科技服务业的比重在 5%左右，同比增速均在 12%左右；攀西经济区实现营业收入 55.1 亿元，同比增长 12.5%。

六、小 结

从科技促进经济发展的效果来看，四川省的科技发展水平与社会经济发展存在不对称，带动四川经济的发展优势不够明显，科技资源的利用效率较低，存在的问题主要包括以下几个方面：

（1）科技人才机制落后。

尽管四川省科技人才人员总数多，专业技术人才与总人口的比例高于全国平均水平，但综合考察判断，四川人才资源开发层次较低。人才短缺明显，尤其是管理人才和高层次专业人才短缺问题；人才分布失衡，大多数主要聚集于城市中的高校、科研单位和县以上政府机构，农村、乡镇企业和城市传统产业各类人才缺乏问题突出；配置结构不均，实验开发研究活动比重过高且高于全国平均水平，且从事基础研究活动的只是少数且主要依靠四川相对丰富的科教资源。

从管理上讲，四川科技人才整合效率低下，创新能力不强，缺乏广泛吸引人才的吸纳机制、良好的人才工作生活环境和强烈的事业发展氛围，人才使用不充分、人才留不住、待遇差的问题普遍存在，导致人才众多与人才短缺并存，人才集中与人才闲置并存，这是四川科技人才整合面临的主要问题。

（2）科技投入结构失衡。

2016 年，我省科技经费投入力度加大，R&D 经费投入实现较快增长，R&D 经费投入强度稳步提高。2016 年，全省共投入 R&D 经费 561.4 亿元，比上年增加 58.5 亿元，增长 11.6%，总量排全国第 8 位；R&D 经费投入强度为 1.72%，比上年提高 0.05 个百分点，投入强度排全国第 11 位。

从活动主体看，各类企业经费支出 291.5 亿元；政府属研究机构经费支出 217.4 亿元；高等学校经费支出 47.8 亿元。企业、政府属研究机构、高等学校经费支出所占比重分别为 51.9%、38.6%和 8.5%，企业和政府资金占 R&D 总投入的比重偏高，致使科技研究机构与市场分离，企业难以与科技力量结合。如此单一的缺乏市场竞争与支持的 R&D 经费来源结构，将成为四川省未来科技强省战略实施的最大阻碍。

分地区看，R&D 经费投入超过 40 亿元的地区有 3 个，分别为成都（占 51.5%）、绵阳（占 22.8%）和德阳（占 8.1%）。R&D 经费投入强度超过全省平均水平的地区有绵阳、德阳和成都 3 个地区，R&D 经费投入存在显著的地区差异，也将为全省科技大开发存在隐患，需引起重视，进行资源的合理化分配。

四川省科技活动经费内部支出结构也存在不合理之处。2016 年四川省 R&D 活动经费投入，全省基础研究经费 31.2 亿元；应用研究经费 71 亿元；试验发展经费 459.2 亿元。基础研究、应用研究和试验发展经费所占比重分别为 5.6%、12.6%和 81.8%，其中基础研究比重过低，与国际常超过 50%相差甚远，且绝对值几乎维持在 6%左右，缓慢增长。

从管理上讲，四川缺乏有效的资金分配机制，省科技厅不能有效管理全省的科技经费，难以发挥应有的引领和统筹作用，管理分割、投入分散、集中度低等问题普遍存在，导致四川省科技经费投入结构失衡，资金总体使用效率有待提高。

（3）科技成果转化率低。

近年来四川科技工作取得了巨大成就，2017 年度，我省共实施各级科技计划项目 10 153 项，财政立项经费共计 39.12 亿元，共产出科技成果 15 920 项，较上年统计数据增长 4 160 项，涨幅 35.4%，实现科技成果转化直接收入 25.43 亿元，全省 94.9%的成果通过协议定价的方式转化，64.9%的成果转化到中小微企业，成都市技术创新及成果转化应用优势突出，地区发展不平衡明显。在科技成果转化方面，四川省处于中下游水平，我省 2017 年专利申请受理 142 522 件，其中发明 54 277 件，实用新型 58 088 件，外观设计 30 157 件，分别比上年增长 34.2%、38.8%和 6.0%。受外观设计授权量减少影响，专利授权总量较上年减少 3.9%，为 62 445 件。其中发明 10 350 件，实用新型 31 813 件，外观设计 20 282 件，分别增长 13.7%、1.3%和 – 17.0%。但所有专利中实现产业化的只有 5%，而我国科技成果平均转化率为 25%，发达国家的转化率是 80%，四川科研转化能力依然不足。

从管理上讲，四川“产、学、研”还没有形成有效的协作机制，高校与企业之间缺乏交流与沟通，高校不知道市场需要什么，企业也不知道高校有哪些人才和设备，致使高校科研工作与地区经济发展脱节。在成果转化阶段，“产、学、研”三方面在知识产权、收益分配等问题层出不穷，也难以形成有效的合作，导致科技产出的供给与经济发展、社会需求之间存在质量失衡。

第二节　构建四川省科技资源共享整合模式

当前，四川省科技资源整合模式按科技主体分为政府主导型科技资源整合模式、行业资源集聚型科技资源整合模式、制度化合作型科技资源整合模式。根据有效整合为原则，为促进经济转型，推动科技资源粗放型向创新驱动型转变，笔者提出了三种更加完善的科技资源整合模式——民主协商型科技资源整合模式、企业主推型科技资源整合模式、有效制度下的官产学研科技资源整合模式。这三种模式并不相互排斥，只是应用的领域和范围不同而已。

一、民主协商型科技资源整合模式

1. 民主协商型科技资源整合模式概述

民主协商型科技资源整合模式（见图 6-5）是在一个各方科技主体共同监督和管理的系统结构中，以政府作为“主持人”，聚集其他科技主体参与共同行政决策的科技资源整合模式，每个主体都有建议权和被建议权。在民主协商型科技资源整合模式中，所整合的资源应该是纯粹公共物品。纯粹公共物品是每个人消费这种物品不会导致别人对该物品消费的减少，具有非排他性与非竞争性，宏观科技政策与大型基础性、战略性科技计划或项目两个部分是纯公共物品的领域的主要代表，符合本书政府主导型科技资源整合模式。

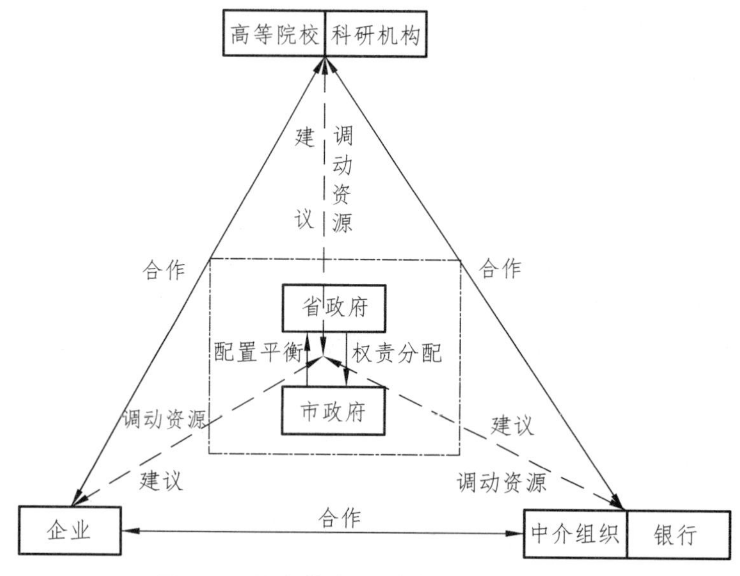

图 6-5　民主协商型科技资源整合模式

面对科技政策或者大型基础性、战略性科技计划和项目等复合型问题，必然需要来自各方的建议和意见，共同探讨做出决策。公共物品和服务领域并不是政府单纯行为所能决定的，参与者和周围环境也是决定整合有效的重要因素。在民主协商型科技资源整合模式中，四类不同的科技主体有明确的角色分工和权利义务。政府承担核心作用，主持并安排其他科技主体参与探讨，在充分考虑参与主体的建议和意见后，用共同一致的决策配置科技资源，进行公共管理和服务，参与者根据职能，配合政府完成科技资源的整体调动。政府与高校、科研机构、企业、银行及其科技中介之间共同合作，促进公共产业持续健康发展。

2. 民主协商型科技资源整合模式的运行机理

政府的决策归结于两种目的：一是通过公共资源本身影响资源的配置，即政府的配置能力；二是通过行政决策改变已有的分配格局，即政府的分配职能。在民主协商型科技资源整合模式中，笔者认为政府的分配职能应更加重要，需要对所有参与者进行角色的定位和任务的分配。政府的角色是会议的"主持人"，不仅需要充分考虑参与者的意见和建议，促使最终达成一致的行政指令，同时还要根据科技资源的布局和使用情况，合理地制定科技规划，对大型公共基础项目实施先期引导性投入或后续的主体性投入。

在民主协商型科技资源整合模式中，政府主要发挥以下职能：一是对省内的重大科技项目的统筹规划能力。实施重大科技项目是地区科技综合实力的体现，是促进国民经济社会发展的重要途径，必须体现区域的宏观目标。二是对重要科技创新资源的有效调动能力。"有效调动"不是单纯依靠行政命令对资源进行调配，而是能否建立一种长效、动态的资源统筹机制和预测机制，同时还有与之匹配的、完善的科技管理体制和组织结构。三是各级政府间权责均衡分配的能力。在四川省各级政府"多方博弈"中，其理想的均衡结果是既要使各级政府的科技资源整合目标得以实现，同时还要使得各级政府间在资源配置上不至于失衡，因此，必须要明确并且有效地执行这种责权利的分配格局。

参与会议的其他科技主体在民主协商型科技资源整合模式中应具有不同的定位、不同的功能。企业、高校、科研机构以及金融组织是会议的参与者，它们之间相互合作，既是科技资源的提供者也是科技成果的享受者，有义务向有关部门提出自己的建议和观点，有权力反对政府决定，能有效地参与到整个社会公共科技服务事业当中并充当重要的角色：一是参与重大科技项目的筛选、组织、管理和评审过程；二是相互合作，配合政府科技资源的统筹协调；三是避免政府对重大科技项目的错误决策，提出意见和建议。

3. 民主协商型科技资源整合模式的优势

民主协商型科技资源整合模式是在政府主导模式的基础上提出的，克服了在政府主导型的科技资源整合模式中计划经济体制根深蒂固、政府需要对所有的工作"大包大揽"、权力过度集中的问题。通过政府功能的重构和科技主体间的责任分配，明确了政府是"会议主持人"的角色，其作用不是对资金、人才等问题"大包大揽"，而是宏观调控、引导资源配置，政府的财政资金是发挥引导性的作用。

（1）明确主体职能。

改变已有的公共物品和服务领域分配格局，政府担任着“会议主持人”的角色，其他科技主体作为参与者共同参与决策，一方面会议模式明确赋予了政府各级部门和其他科技主体不同的权利和职能，另一方面，会议参与者之间相互合作共同制约权力集中，削减政府的权力，既打破了计划经济的束缚，保障了市场机制的运行，又实现了民主集中，最大限度地发挥政府的掌舵作用。

（2）发挥联动作用。

民主协商型科技资源整合模式制约政府高度的权力集中，科技主体共同监督和管理，允许其他参与者提出要求并且充分考虑采纳它们的建议，尊重了其他参与者的主体作用，满足了其他参与者的科技需求，有利于发挥了其他科技主体应用的联动作用。

（3）提高科技资源整合效率。

民主协商型科技资源整合模式打破了单一的行政手段的科技资源配置方式，使科技资源的配置能处于在市场的竞争当中，不仅提高了科技资源的流动性和市场活力，引导科技资源向市场所需要的方向流动，最大化地满足市场的需求，还从多渠道、多层次、多方位对科技资源进行协调，提高了科技资源的整合效率，进一步推动科技市场的稳定发展。

二、企业主推型科技资源整合模式

1. 企业主推型科技资源整合模式概述

企业主推型科技资源整合模式是以企业作为科技资源整合的核心，在政府监督下以市场对技术的需求和经济利益的追逐为纽带联合各方科技主体进行科技资源整合，是一个知识、技术、资金二次整合的过程。这种模式针对的主要是市场化的、具有排他性的竞争性资源。

如图 6-6 所示，企业主推型科技资源整合模式以企业作为系统的主体结构，三类不同职能和义务的科技主体作为参与者，其中大型企业承担着示范带头的作用，中小企业提供其他基础性的科研配套服务，聚集技术科研所需的人力、物力、财力、信息等资源，集成所有科技主体共同参与研发新的技术。而政府、大学和科技中介机构等为企业的创新活动提供各类科技资源：高等院校、科研机构提供人才和技术的支持，银行、科技中介提供资本和中介服务，政府监督系统健康运行，保障资源整合。

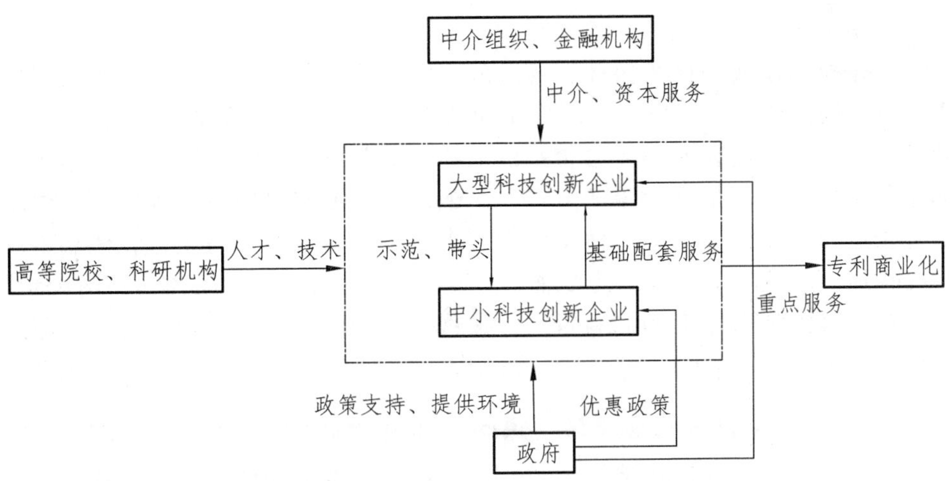

图 6-6　企业主推型科技资源整合模式

总的来说，企业主推型科技资源整合模式需要掌握有关市场需求和技术进展的最新信息和知识才能进行“可能性”的建构，保证企业一种新的技术创意有与经济相结合的可能性。另外，企业主推型科技资源整合模式还必须以技术创意为凝聚核心，寻找所需的风险资本与人力资本，通过一系列人、财、物等科技资源的配置与整合，不断把创新过程推向前进，进行“现实性”的建构。“可能性”与“现实性”建构环环相扣，紧密结合，也是企业主推型科技资源整合模式的最大特点。

2. 企业主推型科技资源整合模式的运行机理

企业主推型科技资源整合模式就是企业、高校、科研机构、银行及其科技中介之间形成的一个自发系统，并且这种自发是带有政府干预性的调节，而且自发与干预必须共存，否则，整个科技资源整合模式体系就会失去生命力而停滞不前，更谈不上可持续发展。

在企业主推型科技资源整合模式中，企业是资金的支配主体，资金主要来自企业且主要应用于企业创新，而且模式中所需的资金并不由企业全部承担，由参与主体共同承担相应责任。其中，中小企业的资金非常匮乏，银行、金融和风险投资机构作为“风险投资人”要与企业形成良好的沟通和信息的交换平台，一方面投入风险资本资助中小科技企业完善基础科研设施；另一方面对大型科技企业提供资本服务，消除技术研发过程中的资金顾虑，保障技术市场化。此外，高校、科研机构是专利技术、人才的主要提供者，一方面要向企业提供技术支持，协助提升研发能力；另一方面高校科研院所要从市场出发，加大对企业的扶持力度，培养输送更多企业的科研人才，提升企业的创新能力。

企业拉动模式与民主协商型模式的主体配置不同，政府不再作为“主持人”宏观调控科技资源整合，而且作为其中的一个“监控中心”，用行政手段弥补由于四川市场机制不完善带来的缺陷；作为一个“服务者”，为其他所有的参与主体提供环境和政策的支持，为他们的需要提供服务，确保整个体系的健康运行。企业作为整个体系的中心，连接了所有的参与主体，依靠市场本身机制调控为主，行政调控为辅，汇聚了风险资本、人力资本等所有要素，以促进科技发展和商业利润为目的，把这一切资源有效地整合起来，保障企业的长期发展。

3. 企业主推型科技资源整合模式的优势

相对于产业关联模式单纯的企业行为，企业主推型科技资源整合模式发挥其他主体应用的联动作用，贯穿科技资源整合的整个过程，保障企业的长期可持续发展。另外，模式中资源的整合以市场需求为立足点，就要求资源的配置更符合市场的要求，带动科技主体更好地发挥职能，能更加迅速提升资源利用效率和科技竞争力。

（1）便于合作研发。

四川企业自主创新能力较弱，凭借企业自身技术创新普遍困难，因此绝大部分技术是通过从外部购买，但由于企业的技术专有性在很大程度上将决定企业的竞争优势，中小企业很难在技术市场上满足自己需要，同时企业之间的合作研发也很难形成“水平”研发的有效合作。企业拉动模式充分发挥市场机制的作用，引入并明确了大学和科研机构的地位和职能，同时高校科研院所与企业的合作研究多数是“垂直研发”，很好地解决了这个问题

（2）科技资源有效集中。

在行业资源集聚型科技资源整合模式中，企业作为体系的中心与其他科技主体之间密切联系，对资金、政策、人才、信息等科技资源的集中有较大的优势。另外，由于政府相关部门行政调控和规划管理，弥补了单纯的市场调控的弊端，有助于科技资源更加有效地集中，提高科技资源整合效率。

（3）保障可持续的发展。

企业主推型科技资源整合模式需要政府、高校、科研机构、企业、中介、金融机构多方科技主体的共同配合，尤其是政府的行政监督。因此，一项技术的革新或者专利的产出不再是追求单纯商业利益的企业行为，更多是由周围各方科技主体之间的互动决定的。这样企业聚集在一起，在相关主体的监督管理下，能够有效地建立起一种长效的制度，与城市的发展规划相统一，

避免了产业布局的不合理,确保科技资源的有效利用和科技企业的持续发展。

三、制度化合作型科技资源整合模式

1. 制度化合作型科技资源整合模式概述

制度化合作型科技资源整合模式是政府、企业、高校、科研机构在科学技术创新、新产品研发以及科技人才培养等方面，分工协作，充分发挥各自的优势实现优势互补，以共同促进科技创新与进步，实现科技资源有效整合，使政府的体制更为健全。

如图 6-7 所示，政府、企业、高校、科研院所相互循环，在制度规范的基础上自觉发挥作用。政府代表的是制度的健全，只有一个好的制度解决了双方合作的利益分配和激励机制问题，才能有效减少信息的不对称和合作中各方的道德风险问题，促进产学研合作各方的“寻租行为”。在健全的利益分配机制和激励机制下，科研机构、高校提供技术和人才的支持，代表着高校、科研机构自主创新的重要力量，具有集成创新的巨大潜力和持续创新的广阔空间，缺少的是按市场需求取舍来运作发展的能力，而聚合在大学校园周围的企业、金融机构满足资金的需求和对市场的取舍能力正好与之互补，校企合作形成抵御市场风险的产学研联盟。企业、高等院校、研究机构三方有着直接或间接的关系，但它们的合作都离不开有效的制度。

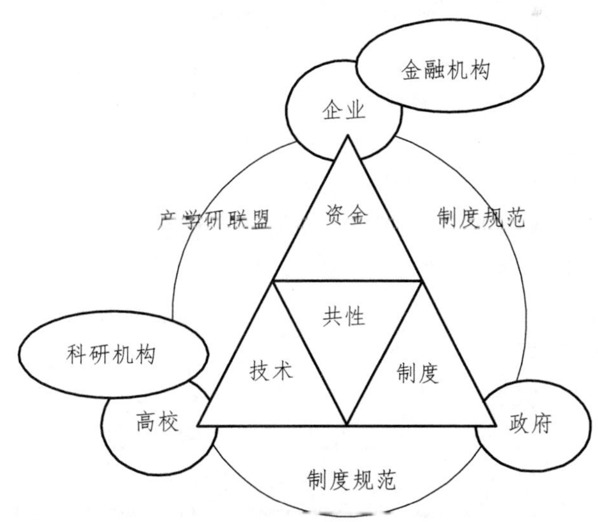

图 6-7　制度化合作型科技资源整合模式

在制度化合作型科技资源整合模式下，企业可以借助“外脑”，将“可能性”技术创新或专利研发委托给科研机构或高等院校，分担技术开发和集成创新的风险，以获得集成创新资源整合的最佳效益，也使高校走出教学科研的单一模式，以集成创新合作者的姿态走向社会。

2. 制度化合作型科技资源整合模式的运行机理

在政产学研合作中，企业、高校和科研机构的积极性都很高，但合作的过程却非常困难，核心问题应该是在“结合”二字上。政产学研结合的高校、科研院所和企业这两种处于科技供需体系两极的不同主体之间需要连接他们的桥梁和纽带，而这个桥梁和纽带的建立不能仅仅指望高校、科研院所或是企业的自觉行为，更需要靠政府、市场甚至是整个社会，归结而言是缺乏有效的制度。

一个好的制度具体到政产学研合作中来，明确了政、产、学、研各自的角色定位与职能和四者之间的联系，解决了多方合作的利益分配和激励机制问题，能有效减少合作主体非理性与信息的不对称，也能减少多方不确定性的制度因素和合作中各方的道德风险问题，促进政产学研合作各方的“寻租行为”。四川企业创新能力较弱，而大学科研能力很强，两者的有效结合必然是互补的，但两者互不相干，缺乏信任，这就需要政府采取有效的措施来支持这种合作。在政府有效制度和优惠政策下，企业和大学能在公共创新平台上更好地寻求合作，确立长期的合作途径，那么企业将会在研发上投入更多，大学也将更好地与企业共享知识、技术和创新成果。

四川省制度化合作型科技资源整合模式是有大学、企业、科研机构等多个主体共同参与，在政府有关部门行政监控、制度调控的政策环境保障下，通过合作组织科技生产力纽带，实现科技资源的重组，畅通科技成果转化渠道，是研究者、生产者、经营者、调控者的实施运行枢纽。其中，政府是有效制度的制定者和执行者，需要对产学研环境监控和对政策效果负责；高等院校作为独立的事业性质组织，是技术和专利的提供者，对专利技术满足市场需求负责，其建设有大量的重点实验室和工程研究中心，拥有特定地区多数的、最先进的科技资源。企业是市场需求的提出者，科研资金的主要提供者，每年投入大量的资金用于科研项目的研究和开发，特别满足市场需求的技术和专利，并将科技成果运用于生产经营之中，创造产品或利润。

3. 制度化合作型科技资源整合模式的优势

与一般产学研模式相比，制度化合作型科技资源整合模式有效解决了一些关乎政产学研合作向纵深发展的深层次问题，对政府、企业与高校之间的关系和角色准确定位，保证风险利益的主体企业肯投入、乐于投入，从而形成政产学研合作链条的良性循环。无论从四川省的实际情况出发，还是从当今科技发展的时代潮流来看，依靠产、学、研三方的密切配合，在有效制度的安排下进行科技资源的优化重组,都是实现科技资源优化配置的重要途径。

（1）清楚定位产学研各方角色。

制度化合作型科技资源整合模式规范了产学研合作的应是在政府在宏观调控和制度的约束下，企业作为资金的主要提供者提出需求，科研机构和高校提供理论、人才、技术的支持与企业进行合作，整合科技资源。清楚定位和角色分工不仅促使产学研联合是三类不同的组织任务和目标区域一致，也促使三方合作意识加强，合作更加紧密。同时，有效地建立起适应市场经济的管理体制和运行机制也消除了信息分布不对称、信息交流不完全，有利于双方的理解和沟通。

（2）利于双方稳定合作。

政产学研合作的确是高新技术快速产业化的一种有效途径，是一个理想的境界，需要制度的保障。在制度化合作型科技资源整合模式中，政府从调动产学研各方面的积极性出发，结合分配、知识产权、税收等有关政策，制定更加具体、可操作性强的实施细则，为产学研合作提供了制度的保障，不仅能牢固产学研合作的信用基础，丰富信息交流平台，促使产学研合作更加开放，还有利于调节产学研各方的利益关系，建立稳定的对接渠道，满足双方长期的合作需求。

（3）约束各方，保障分配利益。

制度化合作型科技资源整合模式明确了多方结合过程中各自的责任、权利和义务，严格履行协议，出现问题要按照协议和有关规定进行处理，消除了以前责、权、利界定不清的问题。对知识产权、成果转化收益等合作成果的分享明确可操作的规定，使处理利益纠纷问题有法可依，做到了对协议的履行有效的监管，提高了人们的履约守约意识需要加强。这样，合作多方不会过于斤斤计较，舍不得投入，而造成多方纠葛、研发人员积极性不高、研发工作不能按协议完成。

总的来说，在实际情况中，面对环境和情况的复杂性，往往不能单纯地套用模式，这就需要我们根据当时具体的时代环境和区域情况来选择。四川有产业聚集的工业园、知识富集的科技园、外力驱动的孵化园等多种模式，表明了科技资源与科技主体间互动的方式的多样性，不同模式的差异性。不过各种不同的模式不是相互孤立的，更多的时候是几个的组合应用，这依据实际情况而定。即使在某种科技资源整合模式下，也需要多维度地考虑问题，既考虑现实的人力、物力、财力资源的利用，又注重潜在资源与废弃资源的开发；既考虑资源效益与效率，也注重资源保护与培育，多视角地利用区域可获得资源以促进科技发展。因此，这就要求科研工作者和四川科技资源整合模式的制造者要勇于创新，总结经验，认真落实工作，探索出一条适合四川的道路。

四、科技资源共享服务平台的构建及建设要点说明

（1）科技资源共享服务平台运行要点说明（见图 6-8）。

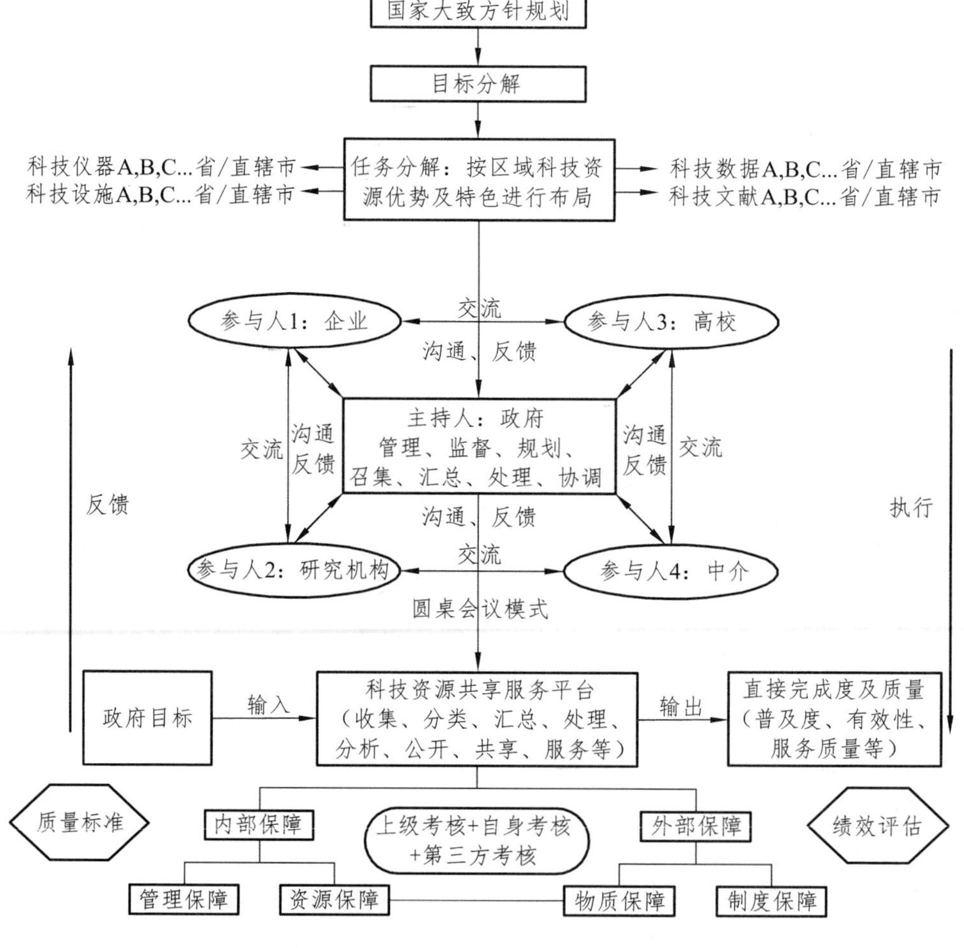

图 6-8　科技资源共享服务平台运行要点

在国家大政方针计划的指导下，梳理国家科技方向重点支持任务，分别以科技仪器、科技设施、科技数据、科技文献、(种质)资源与实验材料五个大类进行目标确定及分解，根据各区域科技资源优势及特色进行布局。比如科技资源中的动植物资源，四川就可以利用较丰富的自然资源，主要牵头收集整理该资源的相关信息，涉及其他地区的特色资源统一上报四川，再由四川根据具体情况对资源提出共享方案，形成一个核心多方参与的合作方式，集中力量对资源进行归属管理，并成立相应的科技资源服务共享平台。按照圆桌会议模式进行实际运行，即政府作为主持人，召集平台相关参与人(企业、高校、研究机构、中介等)对平台建设进行讨论，政府主要担负管理、监督、规划、召集、汇总、整理、协调、服务等方面的工作，参与人之间通过交流、沟通、将意见和建议反馈给主持人，政府汇集各方意见，最后形成科技资源共享服务平台建设和考核方案，并将方案进行招标公示。具有建设资格的单位均可以进行竞标，择优选取，政府应配套相应的资金和政策进行引导支持，最终实现市场化运作。其中公益性较强、无人竞标的项目，应该由政府出面进行承办，避免出现空缺。

科技资源共享服务平台在政府目标的指引下，对科技资源进行收集、分类、汇总、处理、分析、公开、共享等，并提供相应的服务。通过管理保障、科技资源保障提供必要的内部保障，物质保障、制度保障提供外部保障，做好机制建设和标准建设，以良好的质量标准保障平台的有序运行。政府根据各个平台的特点，设立绩效考核指标，应包括畅通性、普及性、有效性、及时性、服务质量等指标，由上级管理部门、第三方单位对目标完成度及质量进行评定，根据评定结果进行奖惩，保证科技资源共享服务平台按照政府目标要求蓬勃发展。同时科技资源共享服务平台将运行中的问题反馈给政府，政府再按照圆桌会议模式进行意见收集和整改，保证科技资源共享服务质量的进一步提升。

(2)科技资源共享服务平台建设要点说明(见图6-9)。

科技资源共享服务平台包括主体和客体两个服务载体，其中主体负责给平台提供科技资源，平台是科技资源的服务方，客体获得所需科技资源，是平台的被服务方，政府是管理方，处于指导地位。主客体之间常常可以互换，比如，一家高新技术企业，既可以是接受科技资源的客体，同时也可以是提供资源的主体，而且这也应该是科技资源共享服务平台良性运行的主要方式。为了保证这种运行方式的进行，需要从机制建设和标准建设两个方面进行固化，形成一条主线，两个建设的运行模式。

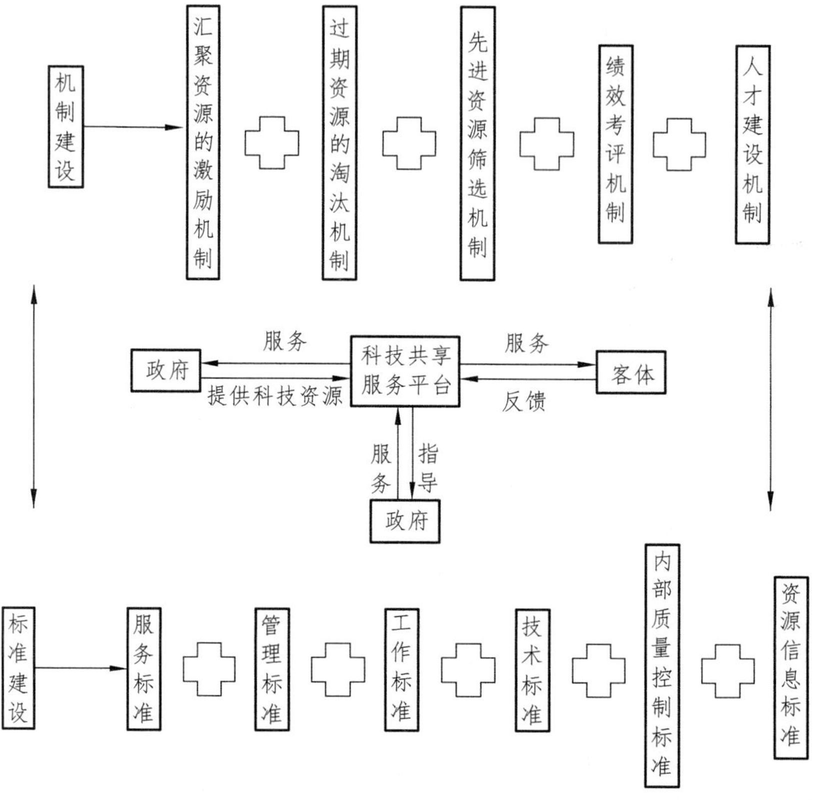

图 6-9　科技资源共享服务平台建设要点

一条主线：主体到平台，平台到客体；两个建设：机制建设，标准建设。

机制建设应主要包括：汇集资源的激励机制、过期资源的淘汰机制、先进资源的筛选机制、人才建设机制、绩效考评机制等。

标准建设应主要包括：服务标准、管理标准、工作标准、技术标准、内部质量控制标准、资源信息标准等。

（3）科技资源共享服务平台相关机构建构要点（见图 6-10）。

与科技资源共享服务平台相关的机构和组织主要有政府、咨询机构、研发资助机构、中介组织、研究机构及其他支持性机构，他们对于平台的良性运行的作用不可或缺。其中政府主要负责制定科技政策，咨询机构负责为政府的科技政策提供建议，资助机构为平台的运行提供资金支持，中介组织促进科技信息的流动，研究机构和其他支持性机构提供科技资源，获得科技资源。在这些部门充分的沟通下，提交咨询报告，政府进行审议并决策执行。

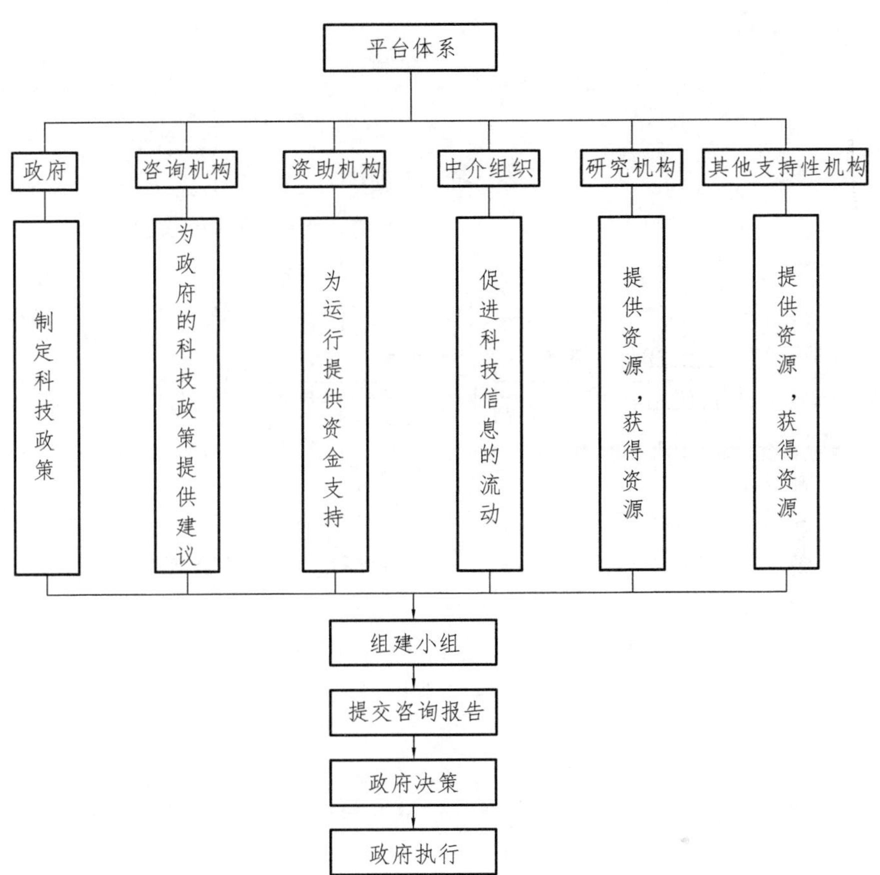

图 6-10　科技资源共享服务平台相关机构建构要点

参考文献

[1] 鄢波，杜军，潘虹．珠三角区域科技协同创新的现状、问题及对策[J]．科技管理研究，2019，39（01）：87-96.

[2] 苏晓．欧盟技术转移体系和科技资源共享政策及其启示[J]．中国市场，2018（35）：13-17.

[3] 尹丽英，赵捧未，秦春秀，等．我国科技管理数据服务模式现状与发展建议：从服务要素角度分析[J]．情报理论与实践，2019（07）：1-14.

[4] 王静，王鑫鑫，陈祥兵．基于文本分析的科技资源管理政策研究——以湖北为例[J]．情报理论与实践，2019（05）：1-8.

[5] 潘晓燕．深化地区科技合作，促进资源型城市创新发展——上海-克拉玛依科技合作发展取向研究[J]．科技中国，2019（02）：61-66.

[6] 陈金源，余唯，李海燕，等．区域科技资源共享模式优化[J]．科技和产业，2019，19（03）：29-32.

[7] 包献华．推进新时代科技资源开放共享[J]．理论视野，2019（01）：60-65.

[8] 高峰，王剑．大数据背景下科技信息资源创新支撑能力研究[J]．情报杂志，2018，37（10）：183-188.

[9] 王可勇，吴晓敏，张艺，等．基于共享经济下的科技资源共享模式分析[J]．现代经济信息，2018（05）：8.

[10] 廖球，刘伟勤，莫崇菊．广西高校科研数据管理与共享研究[J]．情报探索，2018（03）：61-65.

[11] 李佳，王宏起，李玥，等．大数据时代区域创新服务平台间科技资源共享行为的演化博弈研究[J]．情报科学，2018，36（01）：38-44.

[12] 杨传喜，丁璐扬，张珺．基于 CiteSpace 的科技资源研究演进脉络梳理及前沿热点分析[J]．科技管理研究，2019，39（03）：205-212.

[13] 解莹．新时代科技类媒体资源共建共享策略探析[J]．科技传播，2019，11（03）：117-118.

[14] 王静，王兴强．山东省科技人才公共服务体系存在的问题分析[J]．中国市场，2018（36）：92-93.

[15] 张绍丽，郑晓齐，张辉，等. 科技资源共享网络模式创新与实践——以中国科技资源共享网为例[J]. 科技管理研究，2018，38（13）：43-52.

[16] 李佳，王宏起，李玥，等. 基于组合赋权与规则的区域科技资源共享平台综合绩效评价研究——以黑龙江省科技创新创业共享服务平台为例[J]. 情报杂志，2018，37（08）：172-179，132.

[17] 张宇. 高校图书馆科技资源共享的政策体系构建初探[J]. 中国高校科技，2018（04）：88-89.

[18] 游静，魏祥健. 基于全生命周期科技服务平台运行机制研究[J]. 科学与管理，2018，38（05）：1-8.

[19] 邵玉昆，谭偲媚，郑鹏，等. 科技信息资源共建共享机制研究综述[J]. 科技创新发展战略研究，2018，2（05）：15-20.

[20] 薛培元，秦凡，张海峰. 军民融合创新发展中的科技基础资源共建共享分析[J]. 中国航天，2018（09）：56-59。

[21] 江崇莲，赵红梅. 科技资源共享政策网络主体互动机制透析研究[J]. 华东经济管理，2018，32（07）：181-184.

[22] 曾琼，张小波. 基于 PPP（公私合作）视角的科技资源共享服务机制研究——以重庆为例的分析[J]. 科技管理研究，2017，37（23）：99-104.

[23] 王宏起，李佳，李玥，等. 基于创新券的区域科技资源共享平台激励机制研究[J]. 情报杂志，2017，36（09）：165-170.

[24] 魏淑艳. 国外科技资源共享的有益经验及对我国的启示[J]. 科技进步与对策，2005（09）：95-97.

[25] 戴国强. 加强科技平台建设 推动科技资源共享[J]. 中国科学院院刊，2013，28（04）：468-475.

[26] 王志强，杨青海. 科技资源管理标准体系研究[J]. 标准科学，2019（03）：6-11.

[27] 赵启阳，张辉，王志强. 科技资源元数据标准研究的现状分析与新的视角[J]. 标准科学，2019（03）：12-17.

[28] 戚湧，张明，丁刚. 基于博弈理论的协同创新主体资源共享策略研究[J]. 中国软科学，2013（01）：149-154.

[29] 张亚明，刘海鸥. 协同创新博弈观的京津冀科技资源共享模型与策略[J]. 中国科技论坛，2014（01）：34-41.

[30] 张文瑾，王伟. 基于 O2O 模式的大型科学仪器开放共享网络管理平台构建——以重庆大型科学仪器资源共享平台为例[J]. 中国科技资源导刊，2018，50（03）：94-101.

[31] 笪琼瑶，项本武. 基于政府和社会资本合作模式明晰科技资源产权促进科技创新的研究[J]. 科技管理研究，2018，38（10）：6-13.

[32] 余建潮，叶秉良，汪进前，等. 互联网+科技创新资源整合与共享机制研究[J]. 实验技术与管理，2018，35（04）：34-36.

[33] 贾君枝，陈瑞. 共享经济下科技资源共享模式优化[J]. 情报理论与实践，2018，41（03）：6-10. 6、赵朋飞. 基于 SOA 的科技资源共享平台建设研究[J]. 信息技术，2019（03）：37-39.

[34] 管浩然. "互联网+"背景下科技信息资源共享问题及其对策[J]. 科技经济导刊，2018，26（36）：172-173.

[35] 李光红，刘德胜，张鲁秀. 信息技术、资源共享与开放式创新——基于新创科技企业的调查[J]. 江海学刊，2018（06）：248-253.

[36] 游静，魏祥健. 科技云影响下的科技服务平台运行模式研究[J]. 科技和产业，2018，18（10）：43-49.

[37] 高文法. 互联网+科技创新指导下医疗资源的整合与共享[J]. 中国卫生产业，2018，15（28）：181-182.

[38] 高长春. 长三角区域创新网络协同治理思路和对策[J]. 科学发展，2018（09）：35-46.

[39] 牛园园. 基于大数据环境下区域科技资源共享平台云服务模式研究[J]. 科技风，2018（19）：69，75.

[40] 袁海波，孟连生. 网络环境下信息资源共建共享的实践——兼述国家科技图书文献中心的建设与发展[J]. 情报学报，2002（01）：57-62.

[41] 戴杨，俞灵琦. 科技资源共享，"解锁"长三角[J]. 华东科技，2019（01）：26-27.

[42] 王德润，董文君. 构建长三角区域创新共同体的对策思路[J]. 安徽科技，2018（08）：5-7.

[43] 黎霞. 浅谈广西建设科技大数据平台对辅助科技管理的重要意义[J]. 大众科技，2018，20（08）：144-146.

[44] 周宏虹. 粤港澳大湾区科技信息资源开放共享的现状及对策[J]. 科技创新发展战略研究，2018，2（04）：76-80.

[45] 陈卓，王笑，韩倩茜. 辽宁科技宣传信息资源共享服务平台建设研究—以科技宣传工作为例[J]. 科技创业月刊，2018，31（07）：140-142.

[46] 沈开艳. 建设资源共享平台 推进长三角区域科技创新[J]. 江南论坛，2018（07）：8-10.

[47] 何晋浙，徐静波. 高校实验室资源共享机制的探索与研究[J]. 实验室

科学，2010，13（06）：132-135.

[48] 杨巍，刘心蕊，张鹤达，等. 重点高校科研设备开放共享现状分析[J]. 科技管理研究，2019，39（04）：72-78.

[49] 朱霞，汪峰. 地方高校科研仪器设备共享平台建设的问题及对策[J]. 时代金融，2018（30）：278-279.

[50] 王海，陈文宾. 仪器设备共享平台的建设研究[J]. 科技经济导刊，2018，26（27）：11-12.

[51] 杨巍，刘心蕊，魏婷婷，等. 高校科研仪器设备共享实践——以 C 高校为例[J]. 现代商业，2018（23）：44-46.

[52] 陈强. 长三角区域创新网络协同治理的思路与对策[J]. 科学发展，2018（06）：43-53.

[53] 孙宇，朱臻，谷文媛. 推动科技资源开放共享 助力“双一流”建设[J]. 实验技术与管理，2018，35（05）：35-38.

[54] 张贵红. 我国科技创新体系中科技资源服务平台建设研究[D]. 上海：复旦大学，2013.

附录

四川省科技资源共享服务平台使用小册子

一、科技资源共享服务平台概念

科技资源共享服务平台，类似于开放式创新平台，是以网络共享为基础，开放各种形式的科技资源，因此又称之为“开放式科技资源共享服务平台”。科技资源共享服务平台是国家创新体系的重要组成部分，是服务于全社会科技进步与技术创新的基础支撑体系，主要由大型科学仪器设备和研究实验基地、自然科技资源保存和利用体系、科学数据和文献资源共享服务网络、科技成果转化公共服务平台、网络科技环境等物质与信息保障系统，以及以共享为核心的制度体系和专业化技术人才队伍三方面组成，为全社会提供了一个集聚科技资源的场所，并且通过管理层面的一个大平台，将这些科技资源进一步加以整合和梳理，成为向全社会开放共享的资源。对于科技资源共享来说，平台能够提供进一步推动资源共享开放的环境，提供一个深化工作的起点；对于企业来说，为之提供了一个与科技资源服务机构与资源直接接触的机会和一个提高研发水平的途径；对于全社会的科技创新来说，这是一个互相交流、共同提高的好地方。

二、历史沿革

2002 年初，科技部启动了国家科技基础条件平台建设的研究工作。在国务院领导同志的支持下，组织有关方面的领导和专家成立了国家科技基础条件平台建设纲要（简称《纲要》）编制工作小组，集成研究成果，提出《纲要》框架，并分别征求了“两院”院士、各部门、地方及社会各方面的意见。为了推动《纲要》的编制与实施，2003 年 7 月，组织了由科技部等 16 个有关部门的部级领导参加的国家科技基础条件平台建设部际联席会；成立了由 23

位知名专家组成的国家科技基础条件平台建设专家顾问组。专家顾问组对《纲要》的内容和发布形成了共识，并为《纲要》的联合实施提供了组织保障。经过2年多的努力，《纲要》终于得以发布实施，标志着我国科技资源走向了合理配置、打破封闭、共享的道路。我国科技发展进入新的模式：将从小作坊式的分散研究向集成转化，形成“集团军”联合作战；科研体系将从个别转向系统运作，形成积累性的科研体制。

国家科技基础条件平台是国家创新体系的重要组成部分，是服务于全社会科技进步与创新的基础支撑体系。为全面推进国家科技基础条件平台建设，《纲要》强调了平台建设要深入调研、充分论证、统一规划，突出共享、制度先行，调控增量、整合存量，政府主导，社会共建等思想；明确提出三大主要任务：构建和完善物质与信息保障系统，建立以共享为核心的制度体系和培育专业化的人才队伍和机构；重点建设六大平台：研究试验基地和大型科学仪器、设备共享平台，自然科技资源共享平台，科学数据共享平台，科技文献共享平台，成果转化公共服务平台，网络科技环境平台。贯彻“整合、共享、完善、提高”的方针，充分运用信息、网络等现代技术，对科技基础条件资源进行战略重组和系统优化，促进全社会科技资源高效配置和综合利用。

为满足科技创新特色需求，推动科学数据的开放共享，四川省政府高度重视科技资源共享服务平台的建设，根据我省科学数据资源实际，从2016年起启动“科学文献与科学数据关联检索平台”栏目建设，实现科学数据的存储、备份和共享服务。持续集聚整合了包括我省大型科研仪器、研究实验基地、军民科技、动物资源、植物资源、微生物资源、林业种质资源、农业科学数据、统一地震目录等特色科学数据400多万条，为我省农业、林业、国防等相关领域科学研究提供了有效的数据支撑。

三、四川省科技资源共享服务平台的分类、业务内容及工作流程

（一）四川省科技文献共享服务平台

1. 平台简介

四川省科技文献共享服务平台依托四川省科技信息研究所、中科院成都文献情报中心的资源优势，开展文献代借代查服务。目前，四川省科技文献共享服务平台的文献委托检索服务主要为用户提供四川省科技信息研究所、

中科院成都文献情报中心以及国内其他图书情报机构馆藏的期刊、科技报告、会议论文、学位论文等各种类型文献的原文代查代传递服务。

2. 服务内容

（1）为用户代查、复制和传递四川省科技文献共享服务平台成员单位收藏的期刊、科技报告、会议论文、学位论文等各类文献。

（2）为用户代查、复制和传递全国其他图书情报机构收藏的期刊、科技报告、会议论文、学位论文等各类文献。

（3）为用户代查、复制和传递国外合作单位收藏的期刊、科技报告、会议论文、学位论文等各种类型文献。

3. 服务流程

用户访问服务系统进行网上注册→注册用户用注册账号登录系统，填写代查代借委托单→用户核对确认并提交委托申请→申请成功，系统自动预扣费并返回订单详细信息。

4. 工作流程

在使用本服务之前，建议您先成为本平台的注册用户，注册用户可以直接在网上填写代查代借委托单、查看申请处理状态及费用等情况。如果您只是偶尔利用我们的服务，也可通过到各个图书馆、电子邮件等方式向提出代查代借委托。查询结果可根据读者要求通过信函、特快专递、传真、电子邮件等方式传递给读者。

为确保检索准确和快速，委托人办理委托手续时需填写代查代借委托单，提供所需文献的类型、名称、出版年代等详细信息。工作人员接收订单后根据委托单提供的文献线索及用户所限定的地域、时间与费用等信息，根据“就近服务”原则，依次在本馆、国内及国际合作机构进行查找文献并交付读者。

5. 服务周期

（1）国内查找：普通件 5 个工作日完成；加急件所内查找 2 个工作日完成，所外查找 3 个工作日完成。

（2）国际查找：5 ~ 45 日。

工作人员从网站接收订单→检索查询→复制原文→发送；原文提供完成后，馆员进入系统正式扣费，系统自动发送扣费通知。对四川地区用户在正常收费标准上给予适当优惠；企业用户、集团用户将按照使用量给予更多优惠。

6. 联系方式

地址：成都市蜀都大道大慈寺路 32 号

电话：028-86610857； 028-86622946

传真：028-86610857

邮编：610016　　网址：http：//www.scstl.org/index.jsp

（二）四川省科技报告服务平台

1. 平台简介

2014 年起，四川省科技厅启动了科技报告试点，省本级科技投入形成的科技报告通过“四川科技报告共享服务系统”对广大科研人员和社会公众实行开放共享。科技报告是描述科研活动的过程、进展和结果，并按照规定格式编写的科技文献，其目的是实现科技知识的积累、传播和交流，其类型包括专题报告、进展报告、最终报告和组织管理报告。科研人员依据科技报告中的描述能重复实验过程或了解科研结果。建立科技报告制度，对财政科技投入形成的科技信息资源进行全面保存和共享，将为科研人员提供科研基础信息，为科技管理者提供决策支持，为社会公众了解和利用科研成果提供服务平台。随着科技报告呈交管理的不断规范，除最终报告外，科研单位将在科研项目实施过程中提交更多的专题报告、进展报告等，报告资源总量将不断扩充。

2. 服务内容

系统开通了针对社会公众、专业人员和管理人员三类用户的服务。向社会公众无偿提供科技报告摘要浏览服务，社会公众不需要注册，即可通过检索科技报告摘要和基本信息，了解国家及四川科技投入所产出科技报告的基本情况。向专业人员提供规定范围内的在线全文浏览服务，专业人员需要实名注册，通过身份认证即可检索并在线浏览规定范围内的科技报告全文，不能下载保存全文。向各级科研管理人员提供面向科研管理的统计分析服务，管理人员通过科研管理部门批准注册，免费享有批准范围内的检索、查询、浏览以及相应统计分析等服务。

3. 服务流程

用户根据自己的角色，点击相应的链接进入对应角色的首页。

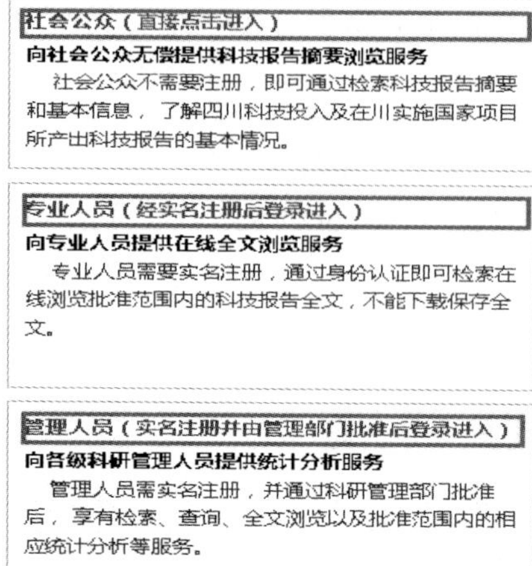

图 1　四川省科技报告服务平台进入页面

（1）社会公众——检索。

社会公众检索页面，分为左右两侧。左侧：只能聚类按年度对报告进行导航，右侧为报告检索结果。如果你勾选了“在结果中检索”的复选框相当于在首次检索基础上二次检索。

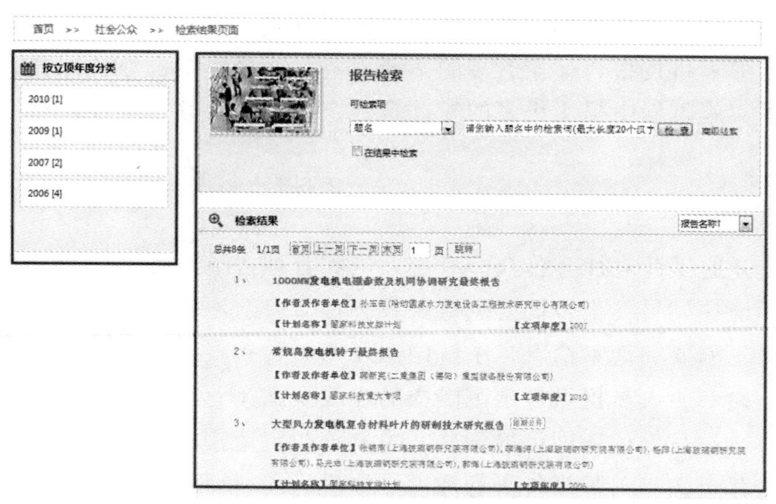

图 2　社会公众检索页面

（2）专业人员——注册。

点击“专业人员”，进入登录界面，用户需登录，填写用户名、密码和验证码。即可进入专业人员首页。如果您之前没有注册，则需要先注册，方可登录。

图 3　专业人员注册页面

（3）专业人员 ——检索。

专业人员检索页面分为左右两侧。左侧：只能聚类按（年度分类、计划分类、学科分类、报告类型、计划类型）对报告进行导航。右侧为报告检索结果（用户可进行高级检索、详细内容查看、原文推送和在线浏览）。如果你勾选了“在结果中检索”的复选框相当于在首次检索基础上二次检索。

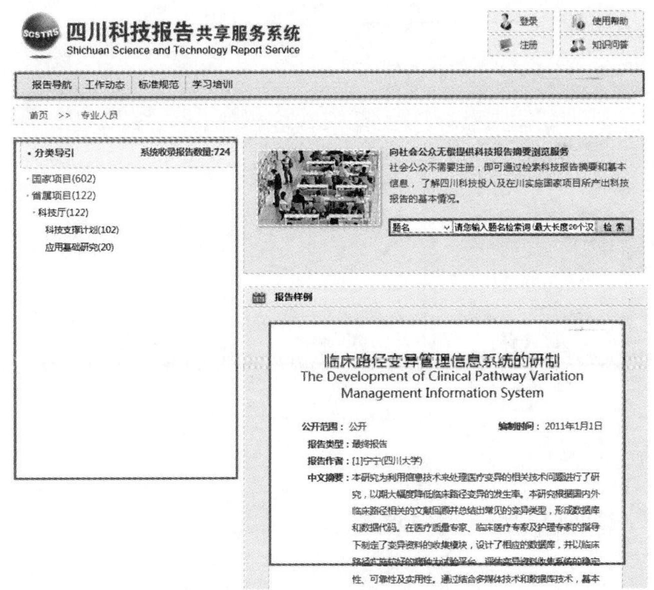

图 4　专业人员检索页面

（4）专业人员 ——高级检索。

用户点击高级检索，将出现以下检索条件供用户检索。

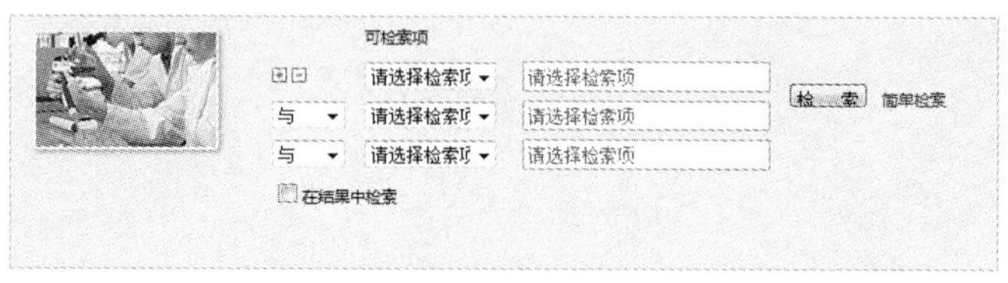

图 5　专业人员高级检索页面

4. 工作流程

（1）管理人员 ——按任务来源统计，用户选择了项目来源、管理部门/省市/、计划类别、立项年。

（2）管理人员 ——按地域统计，用户需选择计划，点击“统计”按钮，将统计这些计划下立项年中的各个地区的科技报告数量情况。

（3）管理人员 ——按承担单位统计，用户填写承担单位并选择计划（注：填写承担单位前两个字母将出现提示），点击“统计” 按钮，将统计某承担单位各立项年中各个计划下的科技报告数量情况。

图 6　管理人员工作流程

5. 服务周期

在线服务，系统存在就可以搜索。

6. 联系方式

地址：成都市蜀都大道大慈寺路 32 号
电话：028-86610857；　028-86622946
传真：028-86610857

邮编：610016

网址：http：//strs.scst.gov.cn/

（三）四川省实验动物公共服务平台

1. 平台简介

我省为促进实验动物学科快速发展，为我省生物、医药、卫生、食品、畜牧以及整个生命科学的发展，强化实验动物法制化管理，构建实验动物公共服务平台，即实验动物质量检测平台，实验动物生产基地平台，动物实验平台，实验动物与动物实验资格培训平台，实验动物与动物实验咨询服务平台。实行实验动物年检制，使实验动物许可证管理更科学、更具有针对性和可操作性，使实验动物管理质量和管理水平全面提高，从而推动我省实验动物事业的健康、有序发展，为四川科技发展做出更大的贡献。四川省实验动物公共服务平台主要是面向全省，提供实验动物以及动物实验服务工作，与各实验动物机构间的供需信息与科技信息沟通，建立沟通平台。

2. 服务内容

权威提供四川省实验动物许可证年检、实验动物从业人员考试合格人员名单等考试信息；提供实验动物咨询；规范实验动物管理；提供实验动物产业相关需求信息（产品供应、技术服务、产品需求、服务需求）；提供实验动物专家信息。

3. 服务流程

根据业务需求在主页上点击相应页面，出现相关信息（产品供应、技术服务、产品需求、服务需求、许可证办理等），按照提示进行操作和获得相关信息。

4. 工作流程及服务周期

（1）许可证的申领、换发、年检、变更、注销、补发、统计及其他业务：

受理—审查—决定—制证—颁发和送达。

办理总时限：30～60 个工作日。

（2）实验动物产业相关需求信息（产品供应、技术服务、产品需求、服务需求）：

产品需求—查找—联系厂家—提供产品。

服务需求—查找—联系专家—提供服务。

办理总时限：供需双方协议完成。

5. 联系方式

地址：成都市学道街 39 号
邮编：610016
网址：http：//scsydw.net/public/cms/front/index

（四）四川省科研设施与仪器开放服务网络管理平台

1. 平台简介

四川省科研设施与仪器开放服务网络管理平台（以下简称“平台”）是四川省科技基础条件平台的重要组成部分，是我省加快推进科研设施与仪器向社会开放的科技资源支撑平台，是科技基础条件服务于创新型四川的重要任务。为加快推进科研设施与仪器向社会开放，进一步提高科技资源利用效率，根据国务院《关于国家重大科研基础设施和大型科研仪器向社会开放的意见》（国发〔2014〕70 号）（以下称《意见》）、四川省人民政府《关于重大科研基础设施和大型科研仪器向社会开放的实施意见》（川府发〔2017〕2 号）（以下简称《实施意见》），省级科技主管部门指导平台牵头单位建立了统一开放的省级平台，并将所有符合条件的科研设施与仪器纳入平台管理。管理单位的服务平台统一纳入省级平台，最终全部纳入国家网络管理平台，实现与国家网络管理平台的实时对接，逐步形成跨部门、跨领域、多层次的网络服务体系。

2. 服务内容

（1）整合资源单位发布科研设施与仪器资源，为需求者提供资源与服务。
（2）整合资源单位检测能力，为需求者提供技术服务。
（3）整合资源单位专家团队，为需求者提供专业技术支撑。

3. 服务流程

提交需求→后台审核→发布需求→需求招标→解决需求→评论打分。

4. 联系方式

联系电话：028-86783293　　传　真：028-86129799
地址：成都市锦江区净居寺南街 8 号
网址：http：//www.sckxyq.com/

（五）四川生物医药分析检测平台

1. 平台简介

依托四川省分析测试服务中心、中科院成都分院分析测试中心、中科院成都生物研究所、四川省农科院分析测试中心、四川大学分析测试中心、成都中医药大学分析测试中心、中国医学科学院输血研究所、成都医学院药物研究所、成都大学中药化学实验室、四川抗菌素工业研究所、成都生物与医药产业孵化园（天河园）、康弘集团等单位组建，旨在整合生物医药仪器设备资源，提高设备的利用率，为生物医药企业研发提供开放、共享的仪器设备和分析检测服务。

2. 服务内容

仪器设备共享将覆盖企业从启动研发项目到中试生产前的全部仪器设备使用需求，包括分析仪器、测试仪器、检测仪器和高端精密仪器设备等。分析检测项目涉及生物医药领域的各个方面，包括食品类、医药类、环境类及其他相关检测项目，为生物医药企业提供专业全面快捷的检测服务。

3. 服务流程

寻找仪器设备→与提供仪器设备的单位预约→仪器设备的单位提供服务→付款并评价反馈。

4. 工作流程（见图 7）

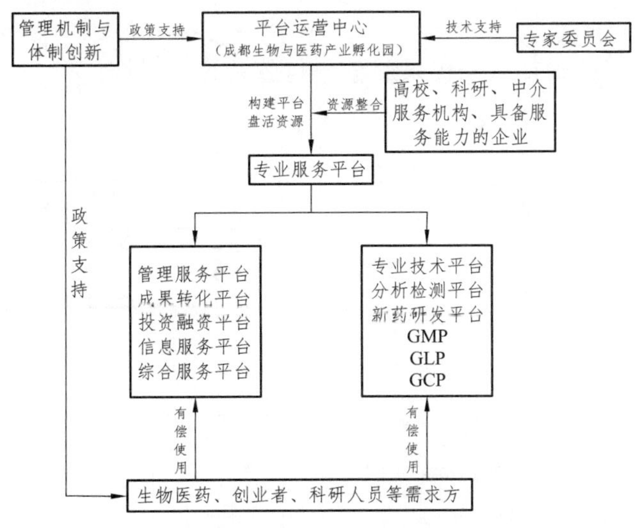

图 7　平台工作流程

5. 联系方式

地　　址：成都市天府大道南延线高新孵化园 1 号楼 B 座

邮政编码：610000　　　　联系电话：028-66070942

电子邮件：scbiomed@126.com
网址：http：//www.scbiomed.com/device/

（六）四川生物医药新药研发平台

1. 平台简介

涵盖了新药从研发到产品上市所必须的安全性评价、中试生产和药物临床试验等服务。安全性评价以成都华西海圻医药科技有限公司/国家成都中药安全性评价中心为主导，联合四川省天然药物研究所（三勒浆）和四川抗菌素工业研究所，为广大企业提供符合 GLP 标准的新药安全性评价服务。中试生产包括成都生物与医药产业孵化园（天河园）和四川大学国家综合性新药研究开发技术大平台的 13 条中试生产线。药物临床服务由华西医院牵头，联合成都中医药大学附属医院等六家医院，开展符合 GCP 标准的药物临床试验。为中小制药企业提供全面的，优先的，优惠的新药研发服务。

2. 服务内容

涵盖了新药从研发到产品上市所必须的安全性评价、中试生产和药物临床试验等服务。

3. 服务流程

提出需求→接受请求→提供服务→付款并评价反馈。

4. 工作流程（见图 8）

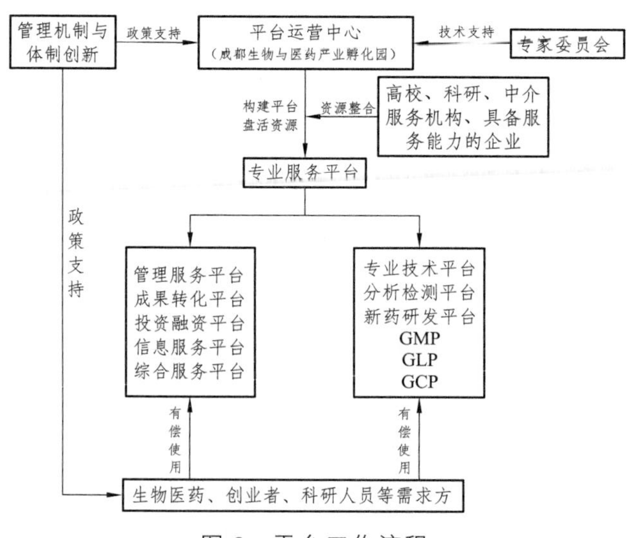

图 8　平台工作流程

5. 联系方式

地　　址：成都市天府大道南延线高新孵化园 1 号楼 B 座

邮政编码：610000　　　　　　联系电话：028-66070942

电子邮件：scbiomed@126.com

网址：http：//www.scbiomed.com/device/

（七）四川生物医药成果转化平台

1. 平台简介

依托四川省生产力促进中心、成都生物与医药产业孵化园（天河园）、西南联合产权交易、四川省科技成果研究档案馆等组建。平台旨在整合资源，为全省生物医药企业提供共享的技术到成果、成果到产品、产品到商品的成果转化和产业化服务。平台发布和收集相关专业信息，提供科技成果的鉴定、登记、成果评估、技术产权交易、成果孵化、资金引入、入园服务等成果转化的专业化服务。为广大中小生物医药企业建立多种沟通和展示渠道，大力促进成果转化、推动产业技术进步和加快发展。

2. 服务内容

为全省生物医药企业提供共享的技术到成果、成果到产品、产品到商品的成果转化和产业化服务。

3. 服务流程（见图 9、图 10、图 11）

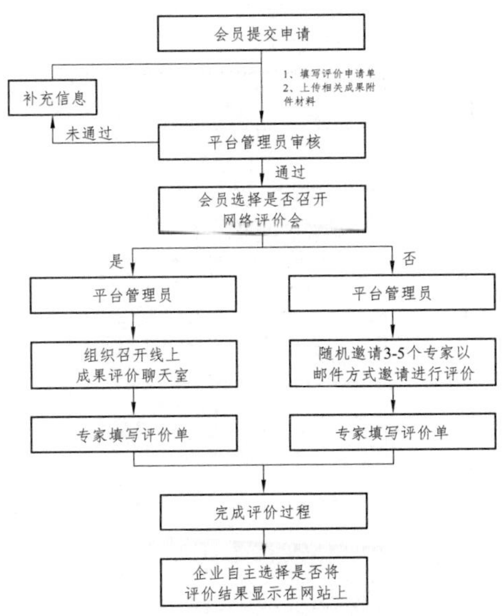

图 9　成果评价流程

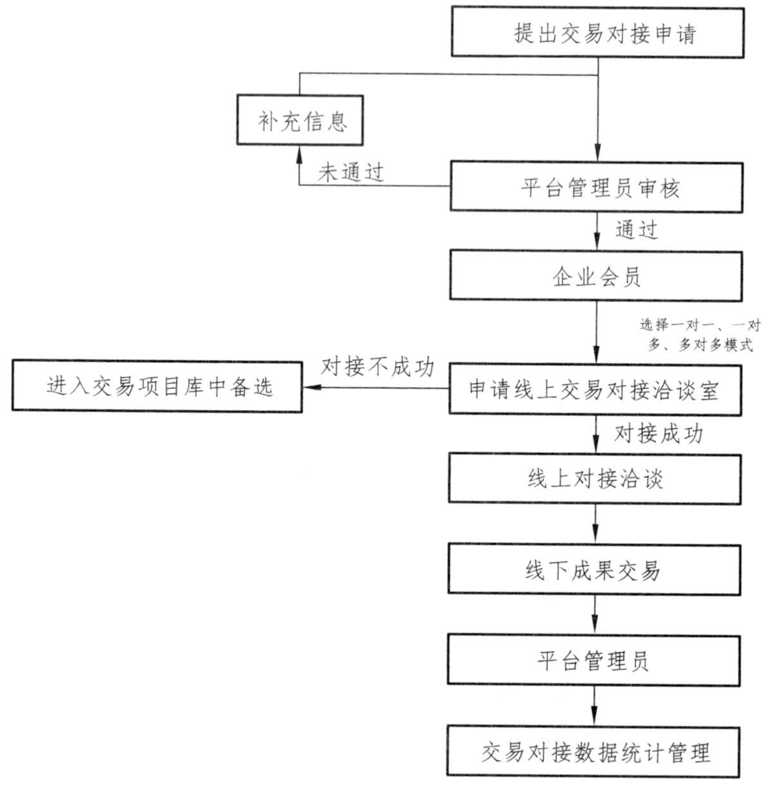

图 10　成果交易流程

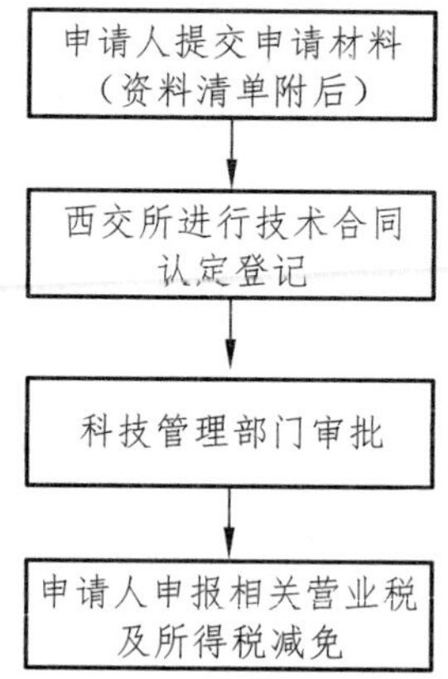

图 11　技术合同认定输流程

4. 工作流程（见图 12）

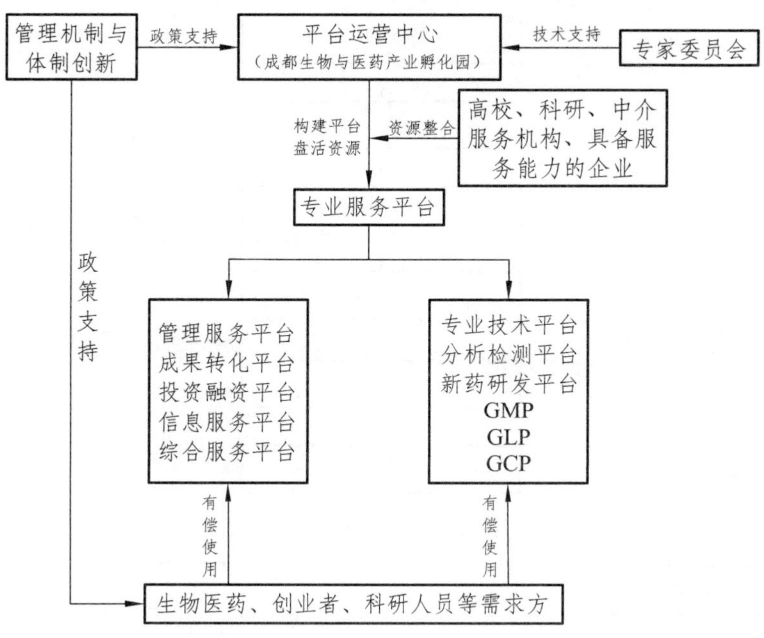

图 12　平台工作流程

5. 联系方式

地　　址：成都市天府大道南延线高新孵化园 1 号楼 B 座

邮政编码：610000　　　　　　联系电话：028-66070942

电子邮件：scbiomed@126.com

网址：http：//www.scbiomed.com/device/

（八）四川生物医药投融资服务平台

1. 平台简介

依托成都生物与医药产业孵化园（天河园）、成都银行科技支行、四川省生产力促进中心、四川省科技金融中心等组建。平台设立融资担保、投资、服务三大中心，为企业提供全面的投融资及相关服务。促进企业项目与资金的及时、有效对接，缩短融资时间，降低融资成本，提高融资效率。解决企业初创、研发、发展等过程中的资金及管理服务需求，积极推进培育企业上市。

2. 服务内容

全面的投融资及相关服务。

3. 服务流程（见图 13、图 14、图 15）

企业注册
发布项目信息
平台受理
项目推介
对接、洽谈
签约

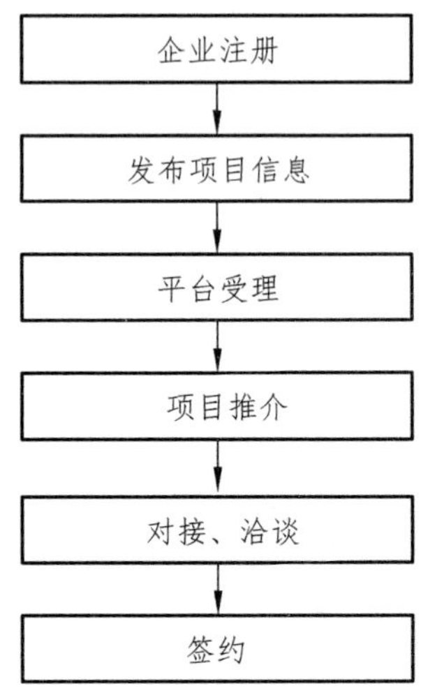

图 13　普通投资流程

企业注册
发布项目信息
平台受理
项目/企业考察
投资辅导
前期投资
引导基金跟进投资
退出前期投资
引入风险投资

图 14　引导基金投资流程

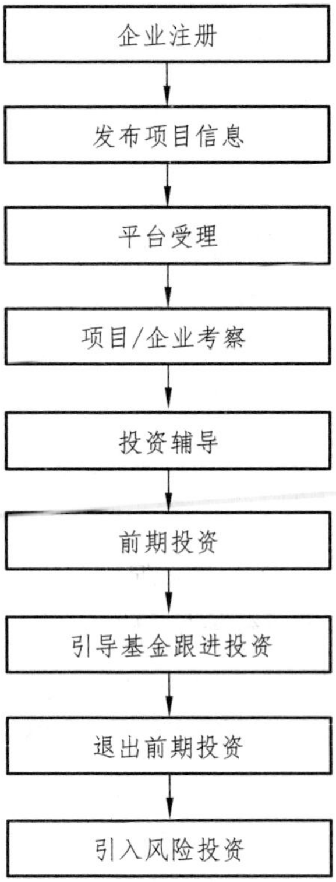

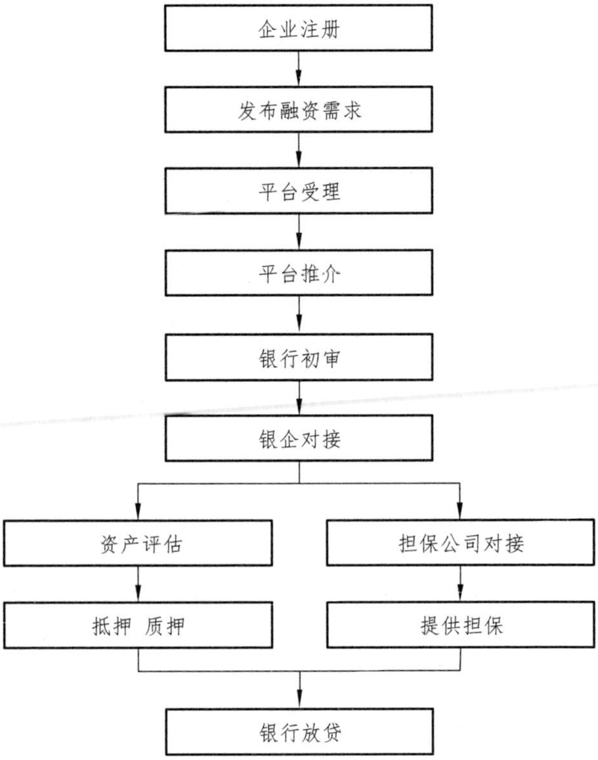

企业注册
发布融资需求
平台受理
平台推介
银行初审
银企对接
资产评估
担保公司对接
抵押 质押
提供担保
银行放贷

图 15　融资流程

4. 工作流程（见图 16）

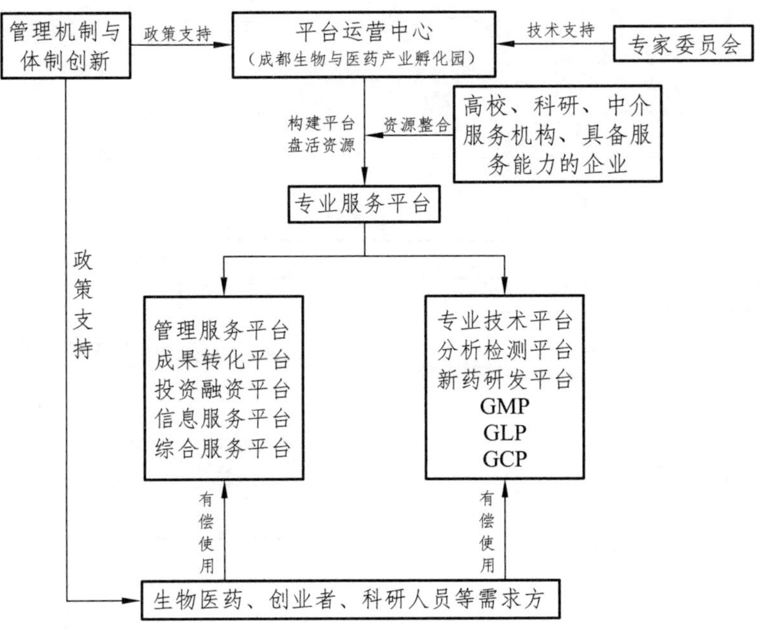

图 16　平台工作流程

5. 联系方式

地　　址：成都市天府大道南延线高新孵化园 1 号楼 B 座

邮政编码：610000　　　　　　联系电话：028-66070942

电子邮件：scbiomed@126.com

网址：http：//www.scbiomed.com/device/

（九）四川生物医药综合服务平台

1. 平台简介

依托成都生物与医药产业孵化园（天河园）、四川省生产力促进中心、高新区技术创新服务中心等专业服务机构，为全省生物医药企业提供各种政商（包括创业咨询和辅导、高新技术企业认证、项目申报、工商、税务、财务管理、法律事务和人才引进等专业化服务）对接服务，搭建企业与政府对接的桥梁。

2. 服务内容

全省生物医药企业提供各种政商（包括创业咨询和辅导、高新技术企业认证、项目申报、工商、税务、财务管理、法律事务和人才引进等专业化服务）对接服务。

3. 服务流程（见图 17、图 18）

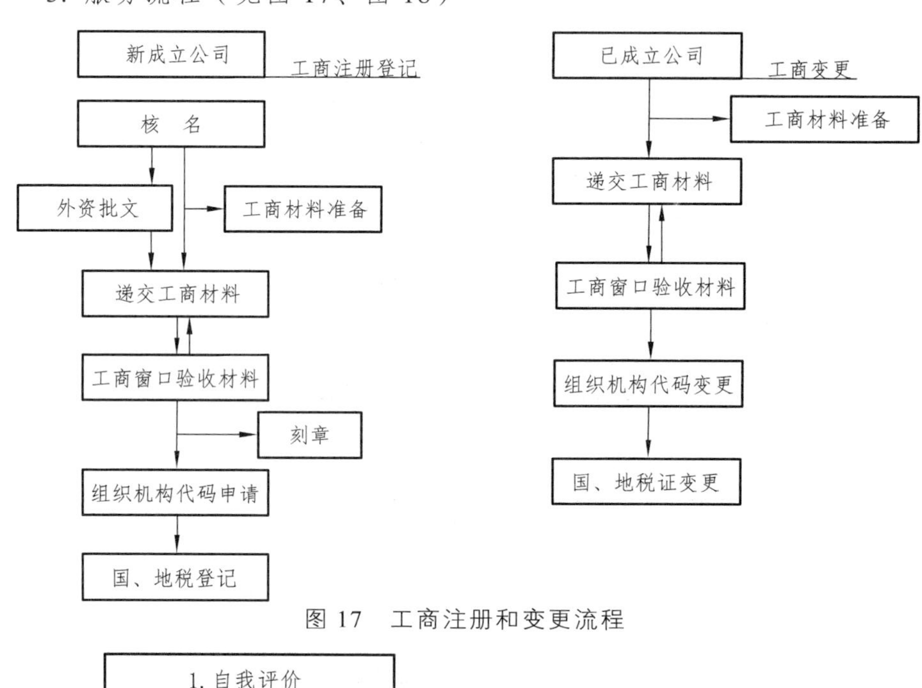

图 17　工商注册和变更流程

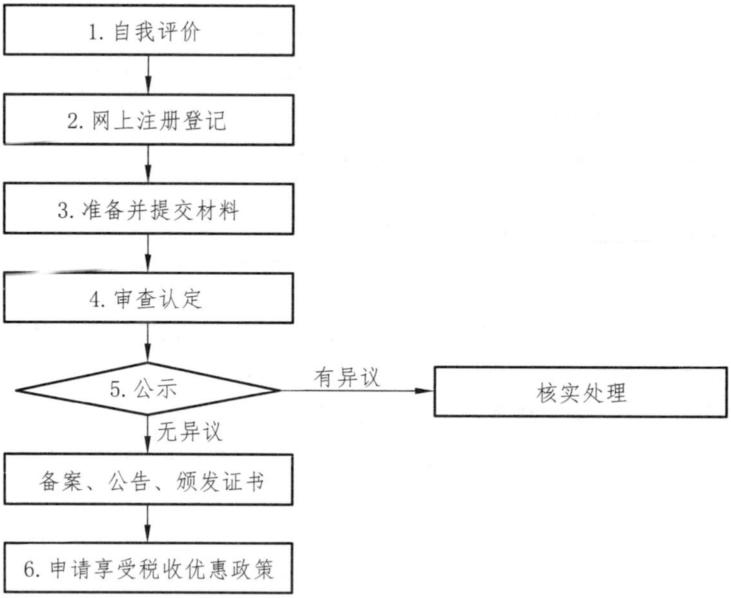

1. 自我评价

2. 网上注册登记

3. 准备并提交材料

4. 审查认定

5. 公示 —有异议→ 核实处理

无异议

备案、公告、颁发证书

6. 申请享受税收优惠政策

图 18　高新技术企业认定流程

4. 工作流程（见图 19）

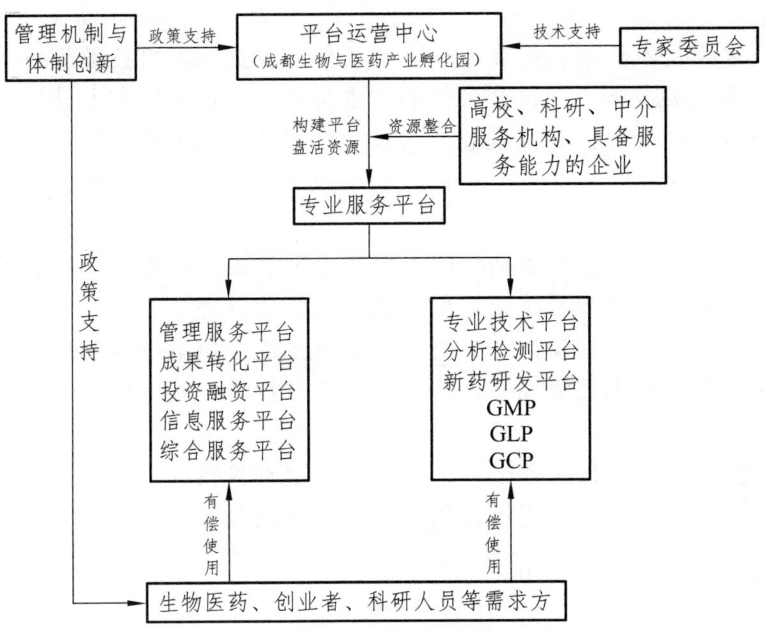

图 19　平台工作流程

5. 联系方式

地　　址：成都市天府大道南延线高新孵化园 1 号楼 B 座

邮政编码：610000　　　　　　　　联系电话：028-66070942

电子邮件：scbiomed@126.com

网址：http：//www.scbiomed.com/device/

（十）四川省科技成果登记公共服务平台

1. 平台简介

四川省科技成果登记公共服务平台发挥自身独特的科技成果档案资源优势，集成社会各方优势资源，组织业务骨干组成专业队伍，深入开展科学研究和成果转化服务工作，为我省科技事业发展和科技成果转化做出了突出贡献。

2. 服务内容

（1）负责四川省科技成果的登记和统计工作，颁发科技成果登记证书，经审查合格登记的科技成果，可以获得申报四川省科学技术进步奖的基本资格，并优先推荐申报科技成果转化项目；编辑、出版、发行《四川省科学技术成果公报》，向省科技厅、国家科技成果网提供每年科技成果中各种数据的统计报表。

（2）承担技术合同认定登记和统计工作。根据国家科技部《技术合同认定规划》及相关政策，对符合条件的技术合同进行认定登记；开展技术合同认定登记及延伸服务，经认定登记的技术合同依据国家有关规定，可享受相关税收优惠政策；撰写《四川省技术合同统计分析报告》，为科技主管部门提供决策依据。

（3）负责全省科技成果档案的收集、整理、编排、缩微、档案保存、库房管理等工作，并进行系统化、信息化、科学化管理。

（4）通过各种方式发掘、交流、利用科技成果档案中的信息资源，促进科技成果转化、技术转移和知识流动，提高科技成果档案信息的经济效益和社会效益。

（5）通过各类科技服务平台建设，整合全省科技成果资源，形成科技创新网络环境，面向全社会提供优质、高效的科技服务。

3. 服务流程（见图 20）

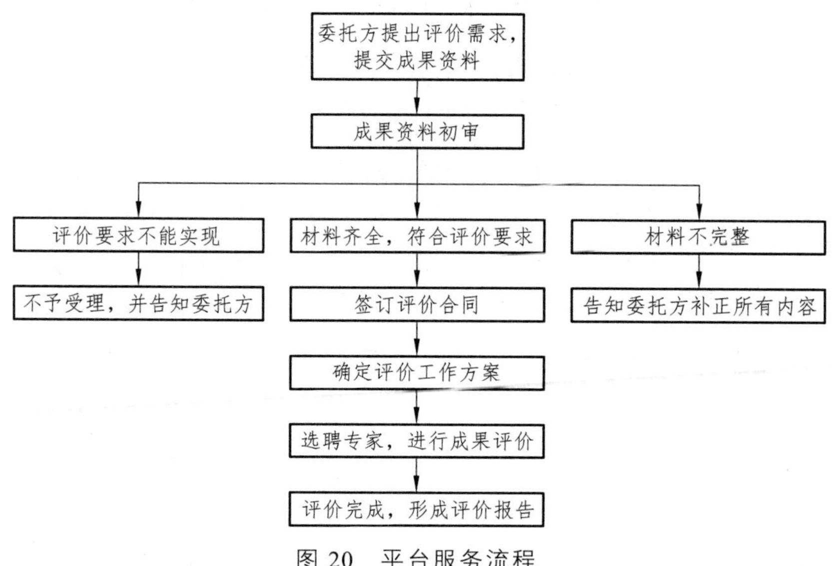

图 20　平台服务流程

4. 联系方式

电话：028-85224983，85221804，85564286，85566825

地址：成都市人民南路四段成科路 8 号

邮编：610041

我国双创背景下科技资源共享服务平台建设情况调查问卷模板

尊敬的各位老师：

您好！

为跟踪了解我国双创背景下科技资源共享服务平台在高校、科研院所、企事业单位的具体建设和使用情况，分析政策实施中存在的问题与不足，完善相关政策及操作办法，方便有关单位及相关人员更好、更便捷地享受到科技资源共享服务平台带来的服务，更好实现科技振兴，我们特设计了本问卷。

请认真、客观地回答每一个问题，我们将妥善使用您提供的宝贵信息，用于政策的评估和完善，并保证不向任何无关机构或个人透漏。您提供的信息将有助于顺利完成我国双创背景下科技资源共享服务平台的各种研究，探索出通过体制机制创新，构建社会化、高效的以科技资源共享为核心的科技资源服务平台体系，提高科技资源的利用效率，进而为企业创新提供共性技术服务，推动产业尤其是战略性新兴产业的发展。

非常感谢您的配合。

（联系人：张蜀艳，联系电话：028-64458789，邮箱：604619870@qq.com）

1. 单位类型：

□高等院校　　□中央属　　□省属　　□市（州）属
□科研院所　　□中央属　　□省属　　□市（州）属
□政府部门　　□中央属　　□省属　　□市（州）属
□企业　　□中央属　　□省属　　□市（州）属
□其他：________

2. 所在地区：________（省/直辖市）________（市/自治州/区、县）

3. 您所从事的工作岗位性质：

□技术岗位
□管理岗位
□科研岗位
□其他岗位

4. 您现有职称或学历：

□高级职称或博士学位
□副高级职称或硕士学位
□中级职称或学士学位
□初级职称
□其他

5. 您对科技资源获取一般是采取哪种方式（可多选）：

□百度等搜索引擎　　□图书馆　　□情报所　　□科技共享平台　□其他

6. 您知道下列哪些相关政策文件（可多选）：

□《科技资源共享条例》
□《科技平台标准》
□《国家科技创新基地优化整合方案》
□《关于加快建立国家科技报告制度的指导意见》
□《国家科技资源共享服务平台管理办法》
□《国家重大科研基础设施和大型科研仪器开放共享管理办法》
□上述都不了解

7.贵单位是否建立了科技资源上报、共享的内部管理制度：

□是　　□否　　□ 不知道

8.贵单位是否已有科技资源共享的使用途径：

□是　　□否　　□ 不知道

9.国家和地方出台的政策措施对本单位激励科技资源共享是否已经产生成效?

□成效显著　□成效较好　□成效一般　□成效不明显　□ 不知道

10.您知道下列哪些科技共享服务平台(可多选):

□国家标准物质资源共享服务平台

□国家微生物资源共享服务平台

□国家计量基标准资源共享服务平台

□国家科技图书文献共享服务平台

□国家标准文献共享服务平台

□中国数字科技馆

□国家基础科学数据共享服务平台

□国家大型科学仪器中心共享服务平台

□不知道

□其他______________________________________

11. 通过哪些途径了解科技资源共享服务平台?(可多选):

□朋友介绍

□政府部门宣传

□高校相关部门提供

□合作企业提供

□百度等搜索引擎

□不知道

□其他______________________________________

12. 你所了解的科技共享服务平台主管部门主要是?　(可多选):

□科技局

□统计局

□市科协

□规划局

□规划局

□知识产权局

□不知道

□其他______________________________________

13. 您了解的科技资源共享服务平台主要有哪些业务　(可多选):

□科研仪器共享服务

□科研设施共享服务

□科学数据共享服务

□科技文献共享服务

□资源与实验材料共享服务

□不知道

□其他____

14. 你所了解的科技共享服务平台业务服务水平如何？

（1）信息沟通效率：

□高　　□一般　　□差　　□很差　　□不了解

（2）服务完成速度：

□快　　□一般　　□慢　　□很慢　　□不了解

（3）服务质量：

□好　　□一般　　□差　　□很差　　□不了解

（4）让您感到服务水平较满意的科技共享服务平台是________________

____

____

15. 您对“如何吸引高校及企事业单位将前沿技术及资源进行共享”有哪些意见和建议？

□物质性奖励

□名誉授予

□绩效评价

□其他____

16. 您对“如何保证科技资源的前沿性”有哪些意见和建议？

____

____

____

17. 您对“如何避免科技资源重复浪费建设”有哪些意见和建议？

____

____

____

18. 您对科技资源共享保证信息准确性、及时性、公开性有哪些意见和建议？

____

____

____

19. 您对“淘汰技术或科技资源如何处理”有哪些意见和建议？

____

____

____

20. 您对国家和地方政府进一步做好科技共享服务平台政策落实工作有哪些意见和建议？

____

____

____

21. 您认为科技共享服务平台管理相关环节中存在的问题有哪些，您有什么建议？

存在问题：____

____

____

建议：____

____

____

单位名称（盖章）

调查时间：

后　记

为充分把握市场在“科技资源共享服务平台建设”和“产业产学研协同创新”等方面的现状和动态，课题组成员分别对上海、西安、重庆、成都、贵阳等地的科技资源共享服务平台建设情况进行了实地调研，历时近6个月，跟踪了解了我国双创背景下科技资源共享服务平台在高校、科研院所、企事业单位的具体建设和使用情况，分析了政策实施中存在的问题与不足，完善了相关政策及操作办法，为更好、更便捷地享受到科技资源共享服务平台带来的服务提供参考。

在此，特别感谢上海市科学技术委员会、上海科技创新资源数据中心、复旦大学、上海交通大学、上海财经大学、同济大学；成都市科技局、成都市生产力促进中心、四川大学、成都市科协、成都市科青联、成都医学院、中国民航二所、成都市委党校四川（成都）两院院士咨询服务中心；西安科技大市场、西安交通大学；贵阳市人民政府，政务中心大数据中心；重庆市工程建设项目审批服务中心、北京中外建建筑设计有限公司重庆分公司、重庆南岸三洋电器设备有限公司、重庆长教科技有限公司、远达环保有限公司等单位对课题调研工作的大力支持。

还要感谢课题组成员们顶着酷暑和严寒，用认真务实的态度，亲力亲为，到一线了解实际情况，为本书的顺利撰写收集到了第一手资料，夯实了课题基础，为本书的最终的出版发行贡献了聪明才智。

学海无涯，我深知自身研究水平有限，还企盼各位学者不吝赐教。

张蜀艳

2019年8月